U0909294

皇子

明清的那些

高云凌◎著

中国言实出版社

图书在版编目（CIP）数据

明清的那些皇子 / 高云凌著．—北京：中国言实出版社，2014.9

ISBN 978-7-5171-0839-9

Ⅰ.①明…　Ⅱ.①高…　Ⅲ.①皇太子-人物研究-中国-明清时代　Ⅳ.①K820.2

中国版本图书馆 CIP 数据核字（2014）第 218939 号

责任编辑：郭江妮

出版发行　中国言实出版社

地　址：北京市朝阳区北苑路 180 号加利大厦 5 号楼 105 室

邮　编：100101

编辑部：北京市海淀区北太平庄路甲 1 号

邮　编：100088

电　话：64924853（总编室）　64924716（发行部）

网　址：www.zgyscbs.cn

E-mail：zgyscbs@263.net

经　销　新华书店

印　刷　北京毅峰迅捷印刷有限公司

版　次　2017 年 1 月第 1 版　2024 年 1 月第 2 次印刷

规　格　710 毫米×1000 毫米　1/16　14.75 印张

字　数　162 千字

定　价　48.00 元　ISBN 978-7-5171-0839-9

序

厚重六百余年的明清之书，嚼了；作为明心醒世的药，吞了。借着胆子，在这个朗朗春日里，拨开了缭绕云雾的明清王朝兴衰的纱幕。

没有来得及深思熟虑，没有足够的时间回味更多，大幕已经徐徐拉起……

推着镜头走，走过了明朝，走过了清朝，“采访”了十四位皇子。他们或一帆风顺马到成功，或钩心斗角手足相残，或文治武功千古少有，或呼风唤雨一代天骄，或风流倜傥才华横溢，或目不识丁贪恋奢华，或遭人暗害暴死早亡……

红墙碧瓦中的纸醉金迷，奢靡极致；权力之巅的乐极生悲，林林总总；争权夺位惊心动魄，血雨腥风草木皆兵。这些，拉洋片似的，一一呈现。

从明朝开国到清朝结束的数百年间，天空中无数星群掠过，地上多少轮回生灭。皇宫里的宝座上，几人抢夺端坐，又有几人被轰下龙庭？一个皇帝站起来，多少皇子倒下去！明朝多半的嫡生太子们，一出生即定了乾坤；而清朝的皇位继承者们，多是物竞天择之后的幸存者。

茶色氤氲中，眼见得明月清影下，一个个少年踌躇满志地走来，又伤痕累累地飘远。一部明清史，滴水成泉，岁月之茶煮深了，泡出人生百味。

为了家国天下的传承，明清两朝帝王，煞费苦心地册立储君，选择大儒帝师，实施精英教育。帝王们为了江山社稷，对皇子们的教育要求之苛刻，让人几乎难以想象。

面对帝师的严酷要求，皇子们黎明即起上课，日落放学回宫，早晚读书习武，比平常人家的孩子流下更多汗水，艰辛更甚。因为，他们很清楚自己是谁，学习是为了什么。

走出了梦魇，不听史家说长道短的约定俗成，体会太子生活之味，用自己的眼去看，用自己的思想去分析和判断，一定会悟到点什么。

本书以传略的形式，选取明清时期有影响力的皇太子，描摹当时波澜壮阔的重大社会背景，再现他们宫廷争斗的历史片段。

朝饮中古翰墨之香，夕餐近世文明之葩。历史是成功之学，也是未来之学。读史能明智，读史能修身。

明月清影岁月深，可惜太子少年时！养心至乐多少事：莫善寡欲，无如读书。

目　录

第一章

仁弱儿子遇上强势父亲——朱标

朱标在历史上以贤明正直、极富文采、待人宽厚而著称，与其父朱元璋这位饱受风霜、历尽艰辛、雄才大略、铁血无敌的父亲相比，他的性格算得上“子不类父”。

尽管朱标的太子生活在今天看来是忧郁多于快乐，但他所处理的朝政，于刑狱多所减省，颇受朝野好评。明朝大儒方孝孺在《懿文皇太子挽诗八章》其一曰：“盛德临中夏，黎民望彼苍。少留临宇宙，未必愧成康。”

朱元璋教子以德

元朝末年，天灾人祸致使饥寒交迫的农民举旗起义，各地农民武装暴动如雨后春笋——大元帝国的末日到了。

红巾军统帅刘福通，访得原红巾军领袖韩山童之子韩林儿，以为实现梦想的机会到了，遂将其接至亳州，立为皇帝，又号“小明王”，定国号为“宋”，年号“龙凤”（1355—1366 年，前后共十二年）。

1355 年（至正十五年），二十八岁的朱元璋已经投靠红巾军四年了。在血雨腥风中，他英勇善战、杀敌无数，成长为一位战无不胜的大将。

这年六月，已经是红巾军右副元帅的朱元璋，率领大军势如破竹，顺利攻克了沿江重镇太平城，就是现在的安徽当涂县境内。

不久，元政府军围攻太平城夺城，战斗十分激烈，人肉搏杀，城下尸体堆积成山，血流成河。朱元璋带领着众兄弟坚守城池，殊死拼杀。这时候，他们的刀锋卷刃，战袍破碎，遍体鳞伤，精疲力竭。正在城外厮杀血战之际，眼看着敌军就要破城，一个传令兵远远地跑来报：

“报——元帅，夫人生了！”

“是男是女？”朱元璋正砍下一颗人头，提起来扔到了远处。

“恭喜元帅，是位小少爷！”

朱元璋闻听此言，喜不自胜，大声吼道：“啊！我有儿子啦！我儿生于龙凤之年，必定是天龙下凡，老天赐福于我！弟兄们，保卫太平城——杀呀！”

激动万分的朱元璋，迅速脱掉血污战袍，光着膀子，出城与敌人拼命。将士一看，好哇，大哥战场上喜得贵子，又如此身先士卒，顿时军心大振，士卒拼命，一阵刀光剑影，鬼哭狼嚎，血肉横飞，很快将敌军击退，太平城保住了。朱元璋认定，这个长子，是上天的恩赐。太平城保卫战的胜利，是上天的意愿。

九年之后，朱元璋费了千辛万苦，终于打败了宿敌陈友谅，将根据地扩展至湖北、湖南和江西地区，成为黄河以南地区最强大的割据政权。这时候，众臣劝进朱元璋，朱元璋因此变身为吴王，立生于龙凤年的长子朱标为王世子。

朱元璋旗开得胜，一举干掉冤家老陈之后，他再接再厉，灭了强敌张士诚，扫了劲旅方国珍，不仅巩固了根据地，还大大地扩大自已的地盘。1368 年，扫除了大部分障碍之后，刚过不惑之年的朱元璋在南京紫荆山闪亮登场，自称皇帝。

朱元璋虽然文化层次不高，但是他自己刻苦自学，对儿子们的教育可谓身体力行。孩子第一任老师就是父母。为了传承江山，他采取了重言传、聘严师、亲身力行的办法。

当年冬天，朱元璋命建大本堂，收罗天下图书。

朱元璋听说有个叫李希颜的饱学宿儒隐居在乡里，便亲自写信，放下架子，把李希颜请来给皇子们做老师。

这位李希颜来了，但是他根本就不买调皮捣蛋的皇子们的账。谁不听教诲，他举起戒尺就打，下手狠重，孩子们渐渐地就惧怕他了。

有一次，朱元璋跟马秀英来视察学堂，李希颜不会当面装好人，照打不误。看到儿子被打的额头，朱元璋心疼得大发雷霆："你胆敢无法无天？打朕的孩子？"

李希颜礼节不失："不打不成才，我是在替皇上管教他们。皇上可是说过的。"

朱元璋语塞："你……"

马秀英就劝说："师傅以圣人之道教育这些孩子，是不可以责怪的。"

朱元璋知道自己的儿子们，平时都骄横惯了，还没有人敢教训他们，这回来了一个胆大包天的土包子老师，这不正是自己需要的嘛。想一想，就算了，拉长的驴脸也就变短了。

这位李希颜非常敬业，一直教授诸王学问直到他们长大成人就藩赴外地，才回到老家，这时候，他已经老态龙钟。

朱元璋给儿子们定规矩，他命内侍制作"麻履行縢塍"。规定：凡出城稍远时，年长的儿子要骑马行其二，步行其一。这时候，年纪最大的儿子朱标才十二岁，其他的孩子都不到十岁。

朱元璋在十二岁的时候，父母都已经饿死了，他靠给别人放牛养猪生活。朱元璋命画师把古代二十四孝故事和自己的经历画成图画，赐给诸位皇子，让他们早晚观览。他教育孩子的信条是"富贵易骄，艰难易忍，久远易忘"。故而对诸皇子的教育一直都很严格。

朱元璋说：

朕与诸子常切谕之。一、举动戒其轻；一、言笑斥其妄；一、饮食教之节；一、服用教之俭。恐其不知民之饥寒也，尝使之少忍饥寒；恐其不知民之勤劳也，尝使之少服劳事。

为了使诸子做到“进德修业”，朱元璋聘请各地名师，精选经典著作，对诸子进行严格、系统的“德行”教育。

朱元璋做了皇帝，还一直保持着农民艰苦朴素的生活习惯。在上朝的时候穿皇帝服，在后宫布衣加身。他也给儿子们立下两条规矩：一是子孙后代除了办公外，一律穿麻鞋，坐竹椅，睡藤床；二是出城远游，不光骑马，还要步行。

他要求子孙后代“戒骄侈”“恤民情”“用仁义”“安百姓”，以此来守业。在这方面，仁义的太子朱标，深得他的教诲。

“大头太子”遇名师

朱元璋出身草莽，在寺庙里面也学得些文字，戎马倥偬时期曾跟着发妻马秀英学得一些文化知识，四书五经都学习过，不算文盲。很多野史说他目不识丁，其实，他非常聪慧，赋诗写文样样都来得。只不过，从小出身赤贫，当过和尚，要过饭，他始终没有机会接受正规教育。

每每想起这些，都令他深感遗憾和心痛。现如今当了皇帝，无所不有，孩子们的教育是他的重头大事。

为了将朱标培养成文武全才，使其成为合格的储君，朱元璋倾注了大量的心血。他不仅聘请天下名师大儒，还特设了皇家图书馆“大本堂”，又亲自勘定专用教科书，而且还从最高学府国子监当中精心挑选了一批品学兼优的高才生陪太子读书。

紫金山下，南京城里，皇城内，大本堂。

这一天，朱元璋正襟危坐。下面的课桌前，坐着七八个男孩子，那是他的儿子们。按照自己的规矩，他与皇后每隔半个月都要亲自来检查孩子们的课业。

朱元璋用鹰一样的眼神扫视了一遍孩子们，挨个询问他们近日的功课。

为首的一个，胖乎乎的，长着大大的头，他就是朱标。

朱标因为头大，大家背地里都叫他“大头太子”。

此时，太子恭恭敬敬地向父亲汇报，说他带着弟弟们，黎明即起，规规矩矩地背书，认认真真地听老师的课，在学习上不敢怠慢。

朱元璋听了很满意，频频点头。他训诫太子和其他儿子，说：“你们知道‘进德修业’的道理吗?”

朱标忙说：“请父皇示下。”

朱元璋慨然道：“进德，即进益道德。”

“何谓进德‘修业’，怎解?”

朱元璋说：“就是修营功业。古代的君子，德充于内，又见于外，故器识高明，善道日多，恶行邪僻皆避之。已修道已成，必能服人，贤者一定会集拢于你的周围，不肖者一定会远避。能进德修业，则天下必治；否则必败。譬如朕，如果无德，怎能得到天下?”

众皇子唯唯。

朱元璋以马上得天下的经历，要求自己的儿子们也要能文能武，德智体要全面发展。因此，孩子们小小的年纪便要进行骑马射箭的训练。这群男孩子大多对骑射感兴趣，每每就盼望着武训课赶快到来，安静的课桌已经稳定不了孩子们不安分的心。唯独这长子娃儿生性善良，性情温顺，见不得父皇动辄杀人，听不得杀杀砍砍的事情。每次参加骑射刺杀的训练，朱标都是哭哭啼啼地被卫兵强拉硬拽弄上马。

为了培养太子从小就有一颗英雄胆，像自己一样能征善战，一次，朱元璋叫几个皇子陪着去观摩诛杀俘虏。好不容易把朱标按坐到了马上，这个孩子哭哭啼啼放赖，死活不愿意去，大叫肚子疼。结果，朱标被摔到了马下，伤了脚。

他的四弟朱棣强悍顽皮，他指指点点地对其讥笑说：“似这般胆小如鼠，早晚被我取替了。”

旁边的人听了，大惊失色。朱元璋听到了臣子的汇报，若有所思，对马秀英说：“这个四子的胆量，倒是有些不同一般。倘若长大了，还不知道会怎么样。”

马秀英忧心忡忡，说：“这孩子横行霸道，不安分，他可是时时欺负太子的。长此以往，怎么得了？”

朱元璋若有所思：“像我，这才是我的儿子！龙生九子，各有不同嘛。”他并不在意皇后的忧虑，甚至得意忘形。

朱标的脚伤留下了后遗症，他变成了一个跛脚。朱棣看到哥哥这般，便又哂笑，口无遮拦地说：“这般模样，一瘸一拐，将来怎么做得了皇帝，怎么威慑天下？父皇改立我为太子才是。”

马秀英听了，脸色一变，厉声训斥：“放肆！大逆不道的东西，这话也是你说的？皇上的长子才是太子，你怎么就轮得上？”

朱元璋却感叹："太子的性情太过懦弱，要是有棣儿的一半刚硬就好了。"

马秀英盯着朱元璋，驳斥他："长幼有序，以下犯上，将来怎么得了!"

因为这朱标是马秀英所出，为了保护太子，她下令朱棣在大本堂的书房里反思，不得去文华殿与太子朱标碰面。

众多老师当中尤以宋濂对朱标的影响最大。宋濂，字景濂，浦江（今浙江义乌市）人，元末大儒，以善文和熟悉典章制度而受朱元璋赏识，成为高级顾问。

朱元璋给太子朱标请了宋濂做老师。

朱标问道："父皇，我听说，宋濂先生没有读过多少书。怎么可以有资格做我的老师?"

宋濂小心翼翼地站在一边，脸色红白相间，心里五味杂陈不是滋味，又不敢开口说什么。

朱元璋语重心长，教训说："不得无礼！为父小时候连饭都吃不饱，父母兄妹一家人都饿死了，哪里有书可读呢?"说到这里，朱元璋心里难过，声音有点哽咽，"你小小年纪不知道高低，你哪里知道宋濂可是天下难找地上难寻的好老师呢？那著名的《阅江楼记》就是他写的。"

朱标心高气傲，不以为然，不把宋濂放在眼里："写得出《阅江楼记》，就胆敢做我的老师?"

朱元璋耐心地讲宋濂辅佐其得天下，在征战中宋濂献计献策的事迹。朱标太子唯唯，再不敢多言，自此恭恭敬敬地跟宋濂学习法家学说习兵法。宋濂前后十几年，专门负责皇太子的教育。他对皇太子的一言一行，都以封建礼法为标准。

马皇后的相夫教子

马秀英生于乱世贫苦人家，曾给别人当养女，虽貌不出众，但见多识广，有胆有识有文化。在艰难逆境中，她为朱元璋出谋划策立了不少功。她五次救朱元璋死里逃生，可谓是朱元璋的救命恩人。当了皇后以后，她依然不改勤俭本色，保持平民心态，时常用自己的言行规劝和影响朱元璋。她惩奸佞毫不手软，扶良善鞠躬尽瘁，荐忠臣不遗余力，助皇上能屈能伸，革陋习坚决果敢，倡新风大马金刀。朱元璋赞她“家有贤妻，犹国之良相”。

马秀英很重视教育问题，她常劝朱元璋要“亲贤务学”，尤其重视言传身教。这对朱家后世教育，起到了模范带头的作用。

1368年，朱元璋称帝，同一天，朱元璋册封发妻马秀英为皇后，嫡长子朱标为皇太子。

太学建成了，朱元璋视察“祭孔”太学，回到后宫，马秀英问他：“太学院有多少学生了？”

朱元璋说：“已有太学生数千之众。”

马秀英又问：“是否都有家眷？”

朱元璋答说：“大多数有。”

马秀英便说道：

> 善理天下者，以贤才为本。今人才众多，深足为喜。但生员廪食于太学，而妻子无所仰给，彼宁无累于心乎？

朱元璋说：“这个问题，我还真的没有想到过。”

马秀英问陪侍在一边的太子——朱标的想法。

朱标唯唯诺诺地说："母后，我想，我想，能不能给他们养家费。倘若儿臣说错了，儿臣……"

马秀英却微微一笑，打断了朱标的话："你没有错，正中我意。"

朱元璋心里，对皇后是心服口服。

马秀英想要设置"红板仓制度"。

"红板仓"，就是存储粮食的仓库，职责是按月发给太学生口粮。朱元璋想一想就接受了，于是下令设立红板仓，贮存粮食，发给太学生。"月赐粮给其家以为常"，此后，"月粮"成为明代学校的一项制度，用以供养太学生的家眷。这一制度自马秀英首创以后，一直延续到明朝后期。马秀英此举不仅惠及读书人，而且极大地推进和提高了明朝的教育事业，她对中国封建教育史上的贡献，史书有载。

朱元璋出身贫贱之家，一辈子生活节俭，即使当了皇帝，也依然保持了朴素的传统。马秀英在肃治内廷倡导俭朴方面，无愧一国之母。可以说，这一对夫妻是中国历史上生活最简朴的皇帝与皇后，对子女的教育为后代和朝臣做了榜样，堪称楷模。

马秀英在后宫，日子很清苦，衣着打扮还是和以前一样，没有改变。她的头上没有戴过花朵珠翠，衣服没有彩色绣饰，质料也是自己织造的粗丝布帛，一件衣裳直穿到破旧时，还缝缝补补地不舍得更换。

一次，她召集女史，问汉唐以来哪些皇后最贤，哪朝家法最正？女史们说赵宋王朝的皇后大多贤惠，家法最正。她就命女史集其家法贤行，念给自己听。听了女史讲元世祖昭睿顺圣皇后用旧弓弦织成绸做衣服穿的故事，马秀英深受启发，就在居所放了一架纺车，只要是没有别的事情做，她就日夜纺织。其他的嫔妃看到了，也都纷纷效仿，后宫彻夜响着织机声。马秀英命后宫嫔妃和自己一样，把纺织出来的布帛，织造成被褥，赐送孤寡及老年人，又让织工将剪裁所剩的原料残丝再次加工，织造成次等帛料，赐给众王妃公主与孩子们穿用，警示她们体恤百姓养蚕植桑的艰难。

众皇子们看到别人家的孩子都穿金戴银，锦衣绣饰，不免心生羡慕，就怂恿太子朱标带着他们去见马秀英，要求穿绫罗绸缎。

马秀英就教育他们生活简朴，还把宫中利用旧料织成的被褥等物品送给他们，说："你们生长在富贵家庭，不知纺织的难处，要爱惜财物，一丝一毫来之不易。"

她又对太子说："你将来是要当皇帝的，要知江山和财富一样，来之不易。"

朱标太子的衣服也是粗布次丝制作，没有搞过特殊化，他可能是历史上穿戴最平民化的皇太子。

朱元璋和其他的开国皇帝一样，事业成功了，就清君侧，诛杀跟随自己打江山的功臣。朱元璋刚愎自用，把人命完全不当一回事，想杀掉就杀掉了，对自己的亲戚也不客气。

朱元璋的侄儿朱文正在对围歼陈友谅战争中立功，因叔父朱元璋未及时赏赐颇为不满，当众说了一些牢骚话，朱元璋勃然大怒，因此杀了朱文正身边的亲信，还要治朱文正的罪。马秀英把朱文正当自己的儿子看，一看朱元璋要杀人了，赶紧劝元璋："这孩子立了好多战功，守南昌尤其不易，况且只是性急要强，并不是反叛，就不要追究了。"

朱元璋看在马秀英的面子上，这才将侄子免了官，放回家了事。这一事情，对朱标的刺激很大，朱元璋怒杀功臣，连亲戚都杀，一点都不留情面。因此，朱标对父亲的恐惧和怨恨，日益增加。

马秀英对朱标告诫说：“定天下在得人心。”

朱标回道：“我没有父亲的功绩，他老是杀人。”

马秀英教导说：“用兵焉能不杀人，但不嗜人，但要杀该杀的，得你查正核实，你千万不要学习你的父亲，滥杀无辜。”

朱标太子的性格果然就不像父亲，越来越像他的母亲马秀英，心地善良，宽厚仁慈。

马秀英每当提及自己早逝的父母就悲哀流涕，但对于朱元璋要搜寻马氏远支族人过继给马公以继承马公爵位的心意，她却坚决地推辞，并说：“爵禄私外家，非法。”她不愿让大明王朝又增多一个可能会扰乱朝纲、骚扰百姓的“后族”。

马秀英以身作则，朱元璋的其他嫔妃家族，以及明王朝初期的各亲王郡王妃家族，都十分收敛，不敢以权谋私。

马秀英对太子朱标说：“你只有一个太子妃，一个侧妃，千万不要给外戚的家族多封爵位，那会造成很大的祸事后患的。”朱标唯唯称是。

按明朝制度，百官五更起早，赶到上朝议事，折腾完事，差不多就是中午了，人人饥肠辘辘。因此，早朝散后，宫里会供给一次饮食，以示皇上关怀。有一次，马秀英带着太子朱标来了，亲口品尝了官员的饭菜，觉得很不好吃，就问太子说：“你觉得这饭菜可口吗?”

朱标吃了一口，就觉得实在是滋味不好：“不可口，太难吃。”

马秀英关心官员工作餐，就说：“我们要是不来，就不知道他们吃的什么。什么事情都要调查，躬身下问。关心他们，就是关心你自已的事业啊。”

马秀英因此向朱元璋进言道：“皇上，人主自奉欲薄，养贤宜厚。”

马秀英的以身作则，让朱标受益匪浅。官员的伙食从此大大改善，大臣们非常感谢马秀英。

马秀英出自民间，遇到灾荒，则设麦饭野羹，率朱标和众后宫常年吃粗食，还带领孩子们到民间去关心疾苦，朱元璋知道她关心民间疾苦的用意，也下令赈灾。

马秀英又进一步建议说：“赈恤不如蓄积之先备也。”

朱元璋认为她说的做的都有道理，后来便在各地设立预备仓，“选耆民运钞籴米，以备赈济”。朱元璋后来还提出了“深挖洞，广积粮”的口号。

马秀英待人以宽，责已以严，处理复杂的人际关系，行为举止很得体。她不仅赢得了丈夫的尊敬与爱护，天下人无不对马秀英拥戴和敬重，她也是朱标最好的学习榜样。

马秀英与朱元璋患难与共三十年，不管是在动乱年代，还是在太平盛世，始终相敬如宾。她既没有借天子之威残害忠良，又没有恃后宫之宠残害嫔妃。她的很多见解和建议被朱元璋采纳，被誉为至理名言，载入史册，垂范后世。

马秀英的为人处世，言传身教给了朱标，马秀英的仁义对朱标太子影响极大。马秀英在世，是朱标的保护伞；马秀英离世，朱标失去了靠山。

朱元璋的五儿子朱橚性格暴戾乖张，经常招惹是非，欺负兄弟姊妹。马秀英对他经常耳提面命。外派就藩，马秀英对朱橚最不放心，怕他做事出格，可是自己又不能随行管教，就派了江贵妃随朱橚就藩，监督他的言行。当朱橚来向马秀英辞行时，马秀英将自己身上的纰衣，当面脱下交给江贵妃，叮嘱她，若是发现朱橚有过错，就披上皇后的衣服，类似尚方宝剑，代表皇后，予以杈责。倘若朱橚仍固执己见不听话，江贵妃有权驰报皇帝与皇后整治。朱橚气得七窍生烟，又不敢当面顶撞，只好规规矩矩地出了城门，到自己的封地就职去了。

马秀英把太子叫到身边，问他对江贵妃随行的看法，朱标不以为然，觉得没有必要对朱橚这么严格："在宫里受到管教，在外面也该给他自由。"

马秀英就说："你是储君，性格有懦弱，优柔寡断，将来接了你父皇的班，兄弟们在外面当王，将来要是不听你的号令，大逆不道，各行其是，那就是我们大明朝的灾难了。"

朱标太子迟疑地回话："不会吧?"他不想把兄弟们想象得那么坏。

马秀英叹息道："太子啊，我就是担心你啊，你哪怕有你父皇一半的魄力，我也就放心了。"

朱标就势说："请母后跟父皇说，请免太子吧，放我出宫，到民间去，我更愿做一个平常人家的百姓。"

马秀英不怒自威："不可以！你是长子，这是不能更改的。长子一定就是太子。"

朱标一听不敢再作声，低了头退到一旁。

马秀英一看，皱着眉头，叫身边的宫女，把一幅画拿出来交给朱标："太子，你早晚是要吃亏的。这里是我的画像，将来，我老去了，不能照顾到你，无论是你的父皇，还是你的兄弟各藩王欺负你，可拿出来，展示给他们看，或许可以救你一命。”遂挥手叫朱标退下。

朱标手捧母亲的画像，如同珍宝。其实，他心里有数，他也怕自己被废掉太子之位。此后，只要出了自己的东宫，他就把母亲的画像放在阔大的袖子里面，作为护身符，以防万一。

马秀英死后，真的就发生了一件事，马秀英的话竟成了谶语。有一次，朱元璋诛杀功臣，朱标太子劝谏反对，朱元璋勃然大怒，冲下宝座，追打太子。朱标在前面拼命逃，“无意中”从袖口中掉落了一个卷轴。朱元璋追到，气呼呼地捡起一看，原来是马秀英的画像。一见亡妻容貌，朱元璋举着画像，放声痛哭，任谁都劝不住，对太子的气恼也就烟消云散了。

朱标死亡之谜

1392 年（洪武二十五年），三十八岁的明太子朱标，未及登上大宝，其人生就早早地画上了句号。

皇宫恢弘堂皇，但皇室里的明争暗斗，不是常人所猜想得到的。朱标英年早逝，也算得上是明朝一谜。

朱标之死有三种说法。

据清朝张廷玉奉命编撰的《明史》第 115 卷记载说是风寒。

1586 年（万历十四年）的进士，崇祯年间的工部右侍郎何乔远，撰写了《名山藏》，书中认为朱樉觊觎皇位，导致兄弟之间矛盾重重，相互怨恨，生出谋杀之心，也未可知。

明末清初傅维麟撰写的《明书》记载，朱标早逝是因为和朱元璋发生争吵，性格温顺的朱标对杀人如麻的父亲的恐惧，导致父子关系紧张，精神压力过大，郁闷而死。

太子朱标果然“早逝”，死于“风寒”小恙吗？野史纷纭。

朱元璋害死了自己的长子吗？正史遮遮掩掩。

朱元璋崇尚孔孟之道，年轻时写过不少诗词。他认为打天下需要武力，但想要天下人服从却需要教育。于是，朱元璋大力兴建学校，选拔学官。朱元璋会让一个才华横溢而且知识渊博的太子去死吗？应该不会，虎毒不食子！再说，精心培养的太子没有什么大的过错。宫廷内的争夺储君位置的皇子们，对宝座虎视眈眈，如果没有朱元璋的呵护，自身处境艰难的朱标只能任人宰割了。

在二十六个儿子中，朱标温文儒雅、敦厚善良有余，严厉果断不足，他不是朱元璋的最佳人选。但是在封建宗法制度下，继承皇位的第一人就是长子，除非长子早逝，次子才有机会坐上皇位，朱标没有选择。

朱标二十二岁的时候，朱元璋有意让太子“日临群臣，听断诸司启事，以练习国政”，并告诫他：“朕所以要你每日和群臣见面，听断和批阅各衙门报告，学习办事，是要你记住几个原则：一是仁，能仁才不会失于疏暴；一是明，能明才不会惑于奸佞；一是勤，只有勤勤恳恳，才不会溺于安逸；一是断，有决断，便不致牵于文法。朕从做皇帝以来，从没偷过懒，一切事务，惟恐处理得有毫发不当，有负上天付托。天不亮就起床，到半夜才得安息，这是你天天看见的。你能够学朕，照着办，才能保得住天下。”从此，朱标开始学习并协助朱元璋处理日常政务。

然而，洪武年间因“贪污”“谋反”等被杀的有数万人，性情温和的朱标对父亲的这种做法很是反对，因此与朱元璋发生了多次的争执。虽然，朱标是太子，但他这样的太子对其皇帝父亲的反对无异于蚍蜉撼树。

有一件事情，很能说明父子之间的关系紧张。

说是马秀英因病不治而崩，掌管六宫之事就落到了孙贵妃肩上。这位孙贵妃小朱元璋十五岁，在众多嫔妃当中，她是最讨马秀英喜欢的，马秀英常在朱元璋面前夸奖她知书达礼，招人喜欢。但是孙贵妃没有生育过，孙贵妃死后，朱元璋念及她无子守孝，命朱标为她服齐衰杖期。

朱标怒而拒绝："饶儿臣无礼。我乃太子储君，我的母后是皇后，母后丧期未满，怎可为一个无子的妃子服齐衰、披麻戴孝？这不合朝廷体制、皇家礼法。"

朱元璋气得七窍生烟，挥手要打朱标，被大臣拦住。想一想，朱标所言合乎礼法，朱元璋也无话可说。朱标拒绝了，朱元璋只好让朱橚认孙贵妃为义母，服孝三年。

朱标为人较正直，很反感父亲对朝臣们的酷刑和滥杀，常谏劝，这点和仁慈善良、以德行天下的马秀英很像。

年轻时候的朱标，做了不少让朱元璋不高兴的事情，但有马秀英从中调解，他们父子关系的紧张还不尖锐化。国事上朱标有左右丞相李善长、徐达辅佐，也没什么大差错。

马秀英病逝之后，他的处境便岌岌可危了，很多次都差点丢掉太子之位。久而久之，饱读诗书的朱标似乎也看透了父亲的心思，他渐渐学会了保护自己。

朱标身为太子，曾经帮助朱元璋管理朝政。他虚心纳谏、听取群臣的意见、努力学习，力求能文治天下。只不过他所信奉的亲民政策，在很多时候与依靠戎马打天下的朱元璋相左，所以朱元璋更喜欢英勇善战、权力欲望极强的二儿子朱棣。

相对其他二十五个皇子来说，朱标最了解自己的父亲，他与父亲一同走过人生最好的时光。父亲在前殿理政，他在文华殿小朝廷协助，风风雨雨中，早已练就了皇帝的风范。可惜，候补期限还没有结束，他就走在了父亲的前面。

朱元璋对朱标的去世很痛惜，因为他所做的一切都是为了这个与自己性格截然相反的儿子。希望在自己驾崩前，为朱标扫除一切的隐患，留下一个太平盛世。结果，朱元璋却是要承受白发人送黑发人的痛彻心扉。

第二章

大智若愚勤治国——朱高炽

朱高炽十七岁当上太子，待位三十年，监国二十多年，却只有十个月的皇帝命。他大肚便便，似乎没有帝王的风范，却宅心仁厚，智慧大度，有帝王所需的远见卓识。在京城保卫战，他以弱兵一万阻挡了建文帝的五十万勤王大军，创造了以少胜多的战例，这是朱高炽在人生中最值得炫耀的一项。

他在位期间，以儒家思想统治朝廷，改革弊病巩固文官政府，广开言路，用人唯贤，注重农本，平反前朝冤假错案，做了很多深得民心的好事。他始终坚持简朴、仁爱和诚挚的理想，使得洪熙朝人民得到了充分的休养生息，生产力得到了空前的发展，明朝进入了一个稳定、强盛的时期，为“仁宣之治”打下了基础。

太子有个好老师

朱棣的几个儿子，接受的教育不同，有的长于习武，有的善于习文。就朱棣本人的愿望来讲，他是希望儿子们都是文武兼备。由于个人经历和性格不同，他的儿子们接受的是不同类型的教育。朱棣偏爱好武的二儿子朱高煦和三儿子朱高燧，并常带他征战，在战斗中培养了他们的勇敢好斗。因此，这样的儿子都具有凶狠的本色，兄弟相残争夺皇位，就不是什么稀罕的了。

作为朱棣的长子，朱高炽的儿童时代，接受的就是正规儒家教育。他精通琴棋书画，箭术也不错，但他体胖多病，行动不便。他的父亲和弟弟们在马上打天下，而是以文治国。

早在洪武时期，朱高炽就被太祖皇帝亲自立为燕王世子。在朱高炽长大以后，朱元璋与朱棣就有意地让他参与朝政。

一次，朱元璋派燕王的世子朱高炽在破晓时去检阅军队，结果他很快就回来了。

朱元璋问："怎么这么快就回来了?"

朱高炽报告说："皇爷爷，清晨太冷了，将士们还没有吃早饭，等到他们吃好饭以后再开始检阅。"

朱元璋又问："为什么呀？燕王世子要检阅军队，必须要雷厉风行才是。"

朱高炽恭恭敬敬地回话："爱民如子，才能够得到将士们的爱戴。"

朱元璋暗暗赞许，觉得这个孩子很有慈悲的心肠，他讲究儒家的仁爱原则和孝道伦理。

朱元璋分别考察他的孙子们，皇恩遍洒。有时候，他会叫某个孙子到身边来接受处理朝政的训练。这次，轮到了朱高炽。朱元璋要朱高炽审阅几份官员的奏章，并且提出自己的意见。只见朱高炽先有条不紊地把文官和武将的奏章分开，仔细地阅读后，提出了自己的意见，朱元璋频频点头。

但是他的父亲朱棣对他的态度是不远不近，不冷不热的。由于这样，朱高炽就把大部分时间和心思，都用于读书学习，研究儒家学说方面上，并接受他父亲挑选的著名学者杨士奇、杨荣、杨溥和黄准等人的指导。还在京城思善门外建了一座弘文馆，与儒臣谈论经史。

朱高炽的老师有多位，最著名的有"三杨"——杨士奇、杨荣、杨溥。"三杨"中，杨士奇以"学行"见长，先后担任《明太宗实录》《明仁宗实录》《明宣宗实录》总裁。

1404 年（永乐二年），朱高炽被立为皇太子后，朱棣选拔杨士奇为朱高炽的老师。不久，在东宫太子府，杨士奇晋升为左中允，正六品官。过了三年，再次升任左谕德，为从五品官，辅助左春坊大学士负责太子的文件管理以及讲课等有关事务，同时兼任翰林院侍讲，承担为皇帝讲读经史的任务。朱棣很迷信，他喜欢算命，行军作战还带着算命先生。他对《易经》颇有研究的杨士奇格外尊宠。

1411 年（永乐九年）朱棣北征回师，皇二子朱高煦进谗言打小报告，说太子有问题。

于是，朱棣向杨士奇询问太子的情况。

杨士奇知道皇帝为什么问他，眼珠子一转，计上心来。说："太子仁孝，凡有涉宗庙，祭物、祭器皆亲阅。"

他说：

> 去年将时享，头风作，医言当汗。殿下曰：汗即不敢莅祭。左右请代。斥之曰：上以命我，我又遣人代乎？遂亲祭。祭毕，汗遍体，勿药病自愈。

他这一番话，既赞美了朱高炽宽厚仁爱的个性，也明哲保身，巧妙地解脱了自己。

1424 年（永乐二十二年），朱棣驾崩，朱高炽即位。杨士奇被提拔为礼部左侍郎兼华盖殿大学士。按照封建礼仪，新皇帝应为过世的皇帝服丧二十七天。期满的第二天，满朝文武都更换服装，只有皇帝和张辅、杨士奇三人仍着丧服上朝。由此朱高炽对杨士奇更加敬爱，逐步提拔他为少保、少傅，后又命他兼任兵部尚书，开启了内阁直接插手六部具体行政事务的先例。不久，杨士奇成为内阁首辅，位次列于内阁其他同僚之上，逐渐填补了朱元璋废除丞相后留下的巨大的权力真空。

朱高炽监国时，御史舒仲成曾因事得罪过他一次，朱高炽记恨在心，即位后就想马上将他治罪。

杨士奇认为，作为一个帝王，这样做不好，治罪一个人不要紧，那样就会堵塞言路，吓退言官的，朱高炽就打消了自己的念头。

大理卿虞谦、大理少卿弋谦也因上疏言事，得罪过朱高炽，朱高炽也想将他们治罪，还是由于杨士奇的调解才放过了他们。言路因此得以畅通，下情得以上达。

朱高炽即位后，杨士奇却让朱高炽居安思危，看到“流徙尚未归，疮痍尚未复，民尚艰食”的社会现实。朱高炽甚为感激，特地创制了“杨贞一印”赏赐给他。朱高炽去世，杨士奇成为首席顾命大臣。

杨士奇与朱高炽的关系非常密切。朱高炽当了皇帝之后，特地赐给杨士奇及杨荣、金幼孜和夏原吉每人一枚银印，上刻“绳愆纠缪”的格言，让他们可以用此印密奏关于贵族甚至皇族胡作非为的大案要案。他们有了皇帝赐予的特权，对于及时有效地揭露贪污腐化、改善政治风气起到至关重要的作用。当时大臣李庆上疏，建议朝廷将军队所属多余军马给予地方官吏，杨士奇上疏气愤异常，坚决反对，言辞激烈。朱高炽为了不使他过多树敌，故意没有批准杨士奇的奏折，而是借陕西按察使陈智上奏的机会驳回李庆的建议。君臣相敬如宾，师生如同父子，由此可见一斑。杨士奇终于促使朱高炽变成一个开明有为的君主。

太子之争漩涡中险胜

朱棣的儿子朱高炽、朱高煦、朱高燧，都是徐皇后亲生。一个母亲所生儿子性格却是完全不同，当大哥朱高炽在被立为世子的时候，他就成为弟弟们仇恨的对象。

朱高炽性格仁厚，饱读诗书，深得太祖朱元璋的喜爱，在洪武时期被册封为燕世子。

朱高炽虽得到了祖父的喜欢，但因体胖，行动迟缓，却得不到尚武的父亲朱棣的喜欢。朱高炽的位置岌岌可危，性命在顷刻之间。

不过，朱高炽有一根救命稻草，就是自己的大儿子朱瞻基。朱瞻基敏慧异常，不但特别地有礼数也特别地孝顺，而且文韬武略样样精通，深得朱棣的喜爱。无论朱棣有多么烦心，只要见了可爱的乖孙子朱瞻基，一切不快都飞到了九霄云外。

有好几次，朱棣都想要废掉朱高炽的世子资格，但徐皇后坚决不同意，还有著名的文臣解缙也在朝堂之上，据理力争，一再说：嫡系长子地位是上天的恩赐，而且老天还送来了一个“好圣孙”。朱棣这才最终下定了决心，没有再动摇。1404 年（永乐二年），朱高炽终于被册封为太子了，而他的好儿子朱瞻基则顺理成章地被朱棣立为皇太孙。

从世子到皇太子再到皇帝，过了三十年。在明朝的皇帝中，朱高炽当太子的时间最长，当皇帝的时间最短，短命倒数第二。

要说朱高炽当太子的故事，有一个故事最值得讲摆，在他的监国生涯中非常亮眼，那就是他用智慧保卫燕京的真实故事。

建文帝的大帅李景隆，率五十万大军直扑燕京城，与反叛的朱棣部队作战。此时，朱棣正奔驰大宁战场，有后方空虚的消息传到了建文帝那里。

有道是，打仗亲兄弟，上阵父子兵。燕王朱棣起兵，身边带的是朱家儿男——皇二子朱高煦。而少年朱高炽，肥胖笨重不便随军作战，自己又不喜欢打仗，就被命留守在北京，全权处理朝政。历史，就在此时，给了朱高炽一个展示惊世才能的机会。

在此期间，山穷水尽的建文帝，使用了离间计，写一封信给朱高炽，让他认清形势，不要叛乱，脱离他父亲燕王，归顺朝廷，还许以成功后，封朱高炽为王，争取朱高炽的内应。

尽管朱高炽才十七岁，但是，让他叛变父亲朱棣，那当然是不可能的。朱高炽接到书信之后，哈哈大笑，看也没看，原封未动地送到父亲朱棣面前，建文帝的反间计落空了。

建文帝没能将朱高炽收编，万般无奈，就大兵压境，兵临北平城下。朱高炽临危不惧，他带领一些文臣，还有许多城中老弱残兵坚守城池。这时的少年朱高炽，异常地冷静沉着，制订了一个让所有人刮目相看的御敌计划，显示了他超人的智慧——他命令城中守军分成小队，出城去偷袭李景隆的军队大营，为坚守北平争取了宝贵的时间。

还有一招更绝。时值冬月，寒风如刀，燕京城内滴水成冰。朱高炽召开紧急会议，听取了老人们的建议，充分发挥天时地利人和的优势，命人往城墙上不断浇水，冻一层浇一层。一夜之间，北平城变成一个冰城。

第二天早晨，志在必得的李景隆等来攻城时，却倒吸了一口冷气！他大吃一惊啊，只见燕京城墙，光溜溜、滑溜溜、亮晶晶，攀登不成，火攻不得，瞪眼干着急，就是上不去。

眼看着天气越来越冷，城冰的融化遥遥无期，短期内是没有攻城成功的可能，建文帝的大军只好偃旗息鼓，灰溜溜地撤退了。

这一战对整个靖难之役都具有极其重要的意义，也是朱高炽在靖难中最耀眼的一笔。

朱高炽，当他成为太子的时候，已经饱读诗书，在传统文化的教育下，他端重沉静，儒雅又仁爱，言行谨慎，进退识度，颇有帝王的资质。在当世子的时候，他深得爷爷朱元璋的特别疼爱。但是朱高炽体态臃肿，形象不是那么健壮好看，没有帝王的风度。

读书多了，喜静不喜动，年纪越来越大，身体越来越肥胖，行动就不方便了。仰卧起坐总要两个内侍搀扶，不然，就站不起来。站起来了，因为肚子大，遮挡了视线，看不见脚下的地面，走路也就跌跌撞撞的了。

因此，和朱元璋不同，对于一生嗜武的父亲朱棣来讲，他并不喜欢这个儿子当太子，这个大胖子不像自己，也不是当太子的理想儿子，可朱高炽偏偏是长子。

纠结的焦点，是朱高炽的二弟朱高煦。他自认为方方面面都比朱高炽强，可是他偏偏是老二，只要大哥不死，他永远没有机会当老大。

朱高煦与朱棣不仅在容貌上，而且性格上都很有相像之处，几乎就是一个模子刻出来的。他作战勇猛，在武将中威信很高，在血雨腥风的战斗中曾多次救父亲朱棣于危难水火，朱棣也非常器重他，曾语重心长地对他说“勉之，世子多疾”。意思是你大哥身体不好，你还是很有希望当太子的。听了这话，朱高煦的热情更加高涨，在整个“朱棣靖难”中立下了非常大的功劳。就朱棣本人愿望来讲，他的确是希望立朱高煦为太子的，他觉得朱高炽过于仁弱，差不多就是一个窝囊废，担心他将来会像建文帝一样被推翻。

当了太子以后，朱高炽非常努力，不管是在南京还是在北平。在皇帝离开时，他就担任监国。他的努力很见成效，他也积累了一定的管理国家的经验，是储君的合适人选。

在1409年（永乐七年）以后，朱棣因为要迁都燕京，要抵御蒙古人，二儿子朱高煦常留北京建都，太子朱高炽就留在南京监国。

朱高煦死不甘心啊，他怎么就应该是老二呢？那个也应该属于自己的皇位，怎么就能够轻易放手呢！认命吗？不可能！朱高煦被封为汉王，本应该就藩云南，他迟迟不肯就藩，盘桓在京城伺机造反。

监国太子的柔术

1414年（永乐十二年），朱棣第二次亲征漠北，带上了二儿子朱高煦，在忽兰忽失温大败瓦剌，瓦剌贡马谢罪，此后北部边境得以稳定。

朱高煦抓住机会，经常在朱棣面前打小报告说“东宫失德”，陷害大哥朱高炽。话说千遍，不假也真，多疑的朱棣也就将信将疑了。

九月，朱棣刚从征蒙之役返回北京，班师回朝，朱高煦诽谤太子没有完成某些任务。朱棣便以朱高炽迎驾迟缓为由，对朱高炽大加训斥，还将朱高炽身边为他求情的亲信大臣大学士杨溥和黄淮逮捕下狱。

辅佐太子监国的兵部尚书金忠，也是朱高炽的老师，因其是靖难功臣而没有获罪。金忠以前是随军占卜的，朱棣非常信任他，就密令他调查太子的过错。此时，只要金忠说一句“太子不轨”，那么，太子的位置就会被朱高煦取代。

但是在汇报的时候，金忠却说：“皇上，没有发现太子有什么过错。”

朱棣大怒：“你是在有意包庇太子?”

金忠磕头如捣蒜：“皇上啊，我从来不说假话，我愿意以全家的性命来给太子担保。”

迷信的朱棣疑惑地说道：“不对吧?”他心里对儿子是否有罪也拿不准了。

金忠知道朱棣心里想的什么，就说：“我倒是听说，二皇子要学唐太宗。”

朱棣暗自一惊，自已的这个儿子自已知道，朱高煦头脑简单，四肢发达，野心勃勃“学唐太宗”。这等于告诉所有人，朱高煦有篡位的野心，朱棣可不想“玄武门之变”的故事在他的身边重演，他也不想当李渊，有朝一日被儿子轰下台。

他就命朱高煦封地去就藩。但是，朱高煦无论如何也不走。

这时，大学士杨士奇向徐皇后报告了一件重大的事情：朱高煦不去封地就藩，私募了三千护卫养在家里备用，他还常常纵使这些人外出劫掠，严重扰民。这还不算，他还暗地里私造兵器，演习水战等，企图造反。

事关重大，涉及到朝廷的安定大局，非同小可。皇后吃惊不小，儿子们都是自己亲生的，自相残杀，这是她最不愿意看到的。皇后就在后宫把此事跟朱棣说了。

朱棣听了皇后的密报，勃然大怒，立刻将朱高煦召入皇城问罪，当场削去冠服，囚于西华门，正要下令贬其为庶人的关键时刻，来了一个大救星朱高炽。

朱高炽是为朱高煦说情来的：“父皇，还念骨肉之情，放过汉王。”

朱棣正在气头上，厉声斥道：“我是为了你，才割去私爱。”

朱高炽一边哭一边说：“兄弟手足，从小到大，血肉相连，不能相残。”

朱棣说道：“你难道想养虎为患，贻害自己吗？”

朱高炽哭着回话：“宁愿不做太子，换汉王的命。”

朱棣他的心里，也不想亲手杀了儿子，巴不得有说情的，只是没有想到，说情的人是太子。于是，他给了太子的面子，放过了朱高煦，但是汉王府中数名汉王亲信党徒被杀，当了替罪羔羊。

过了两年，到了1417年（永乐十五年），杨士奇和徐皇后最终说服了朱棣，削夺了朱高煦的部分护卫，把朱高煦迁封到山东乐安州，勒令其立即离京就藩，太子之争才算告一段落。

朱高炽不念旧恶，胸怀宽广，登基后不久就给这个弟弟增加了的俸禄，并授予他的几个儿子爵位。

三弟弟朱高燧也非等闲之辈。对于大哥的仁义，他觉得是窝囊软弱；对于二哥，他觉得过于外露张扬，其实他也虎视眈眈窥视皇位好久了。在朱棣得病期间，他曾密谋杀死父亲朱棣，然后矫诏即位，幸得有人告密，朱棣才死里逃生，朱高炽也安然无恙。朱棣知道后气坏了，哪有这样凶狠歹毒的儿子，怒气冲冲的朱棣要杀了朱高燧。

为了救三弟弟的命，朱高炽在朱棣面前大放悲声，为朱高燧求情。

朱棣怒斥朱高炽：“你三弟要杀我，你还给他求情。照你这样的仁慈，你我两个人早就没命了。我要被他杀了，你还会活着吗？覆巢之下安有完卵？”

朱高炽哽咽："岂能尽如人意？但求无愧我心。"

朱高炽还要说什么，朱棣摆摆手，叹息着，转身而去。但是，他也没有再追究朱高燧谋反的事情。

1424 年（永乐二十二年），六十五岁的永乐皇帝朱棣在北征返京的途中病逝。朱棣死在北征路上，对朱高炽就皇帝位的影响很大，差点就出现一个悲剧。

朱棣死后，内阁大臣杨荥与大学士金幼孜临危不乱，为了避免朱高煦、朱高燧趁机作乱夺位，他们商定计策，密不发丧。一方面由杨荥快马加鞭进京密报，一方面金幼孜为稳定军心，还和平常一样"觐见皇上"，一日三餐照例，军中一切如常进行，所有诏令都出自金幼孜手笔，其他人不知道军中发生了如此惊天大事。

密报送至北京，正在监国的朱高炽，突然接到父亲永乐帝已经死亡的噩耗。在经受打击的时刻，他非常清醒，当机立断，立刻与吏部尚书蹇义、大学士杨士奇和杨荣商量。首先下令加强京城的治安，其次，立即派儿子朱瞻基出京迎丧。同时派心腹大太监王贵通马上去南京任镇守，把南京控制在自己的手里。

由于封闭了消息，朱高煦、朱高燧错过了叛乱机会，朱高炽才得以安全登基。

改革奠定"仁宣之治"

1424 年（永乐二十二年）九月七日，朱高炽正式登基，依照惯例，他颁布了大赦令，并定次年为洪熙元年。

朱高炽即位后，马上着手落实他在当太子期间整理的国家方案。

朱棣的一生大部分都在北征，朝中的政务就是由朱高炽来掌管的。在太子监国时期，朱高炽就积累了丰富的治国经验，历代皇帝的成败教训，他已经烂熟于心了。

走马上任的次日，朱高炽就从天牢里面释放了前户部尚书夏元吉，夏元吉因反对第三次远征蒙古而在当年四月被永乐帝朱棣囚禁。朱高炽采纳了夏元吉的建议，缩减国家财政支出，取消了郑和预定的海上远航下西洋；取消了边境的茶马贸易；停派去云南和交趾（安南）的采办黄金和珍珠的使团，停止了皇家采办珠宝；取消征用木材和金银等，公平购买。

此外，他还赦免了建文帝旧臣和永乐皇帝时遭连坐流放的官员家属，允许他们返回原处，方孝孺的“诛十族”惨案、解缙的冤案也都在这一时期得到平反昭雪。朱高炽两次恕免诸如齐泰、黄子澄等获罪被杀掉官员的连坐家属，这些官员的“罪名”只有一个：忠于建文帝。

他颁布一份诏令：司法当局要根据法律判决，并在宣判前，特别在宣判死刑前要复查对犯人的指控。他废除宫刑，禁止对犯人滥用肉刑，除重大的叛逆罪外，禁止在惩处时株连犯人的亲属。

1424 年（永乐二十二年）十月后，朱高炽大刀阔斧地选用贤臣，削汰冗官：可有可无的官员被解职，官员七十岁要告老还乡，失职的官员降职，有才能的以及在南京或北京摄政时已经为他效劳支持过他的官员升迁。

朱高炽为了清明朝政，用心良苦。他曾陆续发给杨士奇、杨荣、金幼孜、夏元吉等人每人一枚特别的专用银印，上面刻了“绳愆纠缪”四个大字。用这个印章可以密奏违法乱纪的高官贵族皇亲国戚。

在明初，进士之中多为南方人，为了保证北方人可以考中进士，朱高炽规定了取中比例“南六十、北四十”，这一制度一直被沿用至清朝。

为了鼓励进谏，重臣们对重要事务做出决定前，需在密封的奏章中提出意见或建议，朱高炽要求大臣们直言不讳，不必担心被报复。在这样开明的氛围中，大臣们也敢于对他的一些行为提出批评，而他也能有足够的肚量认识自己的缺点，向别人道歉，这在皇帝中是少见的。

永乐年间，各种征用和税赋让人民频繁逃亡，使国家丧失大量收入。朱高炽专门颁布一份诏令，要逃亡者重返故里，免除他们所欠的税，在他们所在地登记后，免除两年同样的税和劳役。

朱高炽在登基后随即停止了由朱棣开始的大规模用兵，取消郑和的远航计划，让精干的军事将领守卫北方诸前哨以防东蒙古人的入侵，继续保持与中亚和南洋各国的纳贡关系，对安南继续执行诱降黎利的政策。

1416 年五月二十九日，朱高炽在北京突然死去，终年四十七岁。他把一切改革梦想与铺垫，留给了儿子朱瞻基。

第三章

“仁宣之治”集大成——朱瞻基

朱瞻基是一位在史书中评价颇高的皇帝。随祖父朱棣征讨蒙古，他血染战袍；侍奉父亲朱高炽，他至孝至诚。做文人，他诗文书画堪称大家；论德行，他继承了父亲朱高炽的仁厚。

朱瞻基执政时的朝官，都是前朝留下来的重臣，人才济济，文有杨士奇、杨荣、杨溥、蹇义、夏原吉，武有英国公张辅，地方上又有像于谦、周忱这样的巡抚，他们各尽其责。在他们的辅佐下，朱瞻基执政的十一年政治清明，百姓安居乐业，经济得到空前的发展，出现了诸如文景之治、贞观之治、开元盛世的“仁宣之治”太平盛世。

大圭梦成就皇太孙

1398 年（洪武三十一年）某日，夜色深沉，月照燕王府，一切都在沉沉熟睡。

五更时分，卧榻之上，燕王朱棣正做美梦——

迷茫茫的，就看见父亲朱元璋从外面走进来，手里拿着一个大圭，一句话都没有说，就将这个大圭（古代帝王所执的玉质手板）赐给了他。他谢恩之后，仔细一看，那大圭上镌刻着八个大字“传之子孙，永世其昌”。抬头，父亲已经飘飘悠悠地不见了。

好梦，好一个江山梦！

朱棣醒来以后，努力回忆梦中的情景。大圭，是权力的象征，父皇朱元璋将大圭赐给他，是什么意思呢？那还用说吗？

朱棣窥视太子位很久了。只因为不是长子，他没有做皇储的希望，是不是父亲要将江山送给他？把太子弄死？有这样的可能吗？朱棣朝思暮想的就是这件事！

朱棣正在胡思乱想，喜讯传来，他的长孙朱瞻基降生了。联想到刚才的梦境，朱棣马上意识到，难道梦中的情景正印证在他的这个长孙身上不成？

在朱瞻基满月的时候，朱棣看到这个男孩子，长得非常像自己，不由得心中大喜，又想起了那个梦。朱棣最为迷信，叫身边的大臣给推八卦，金忠知道他曾经做梦的事情，也知道朱棣的心思，就附和朱棣的意思，悄声耳语：“燕王，卦上说，这个孩子有天子命。”

朱棣一听，喜出望外，张开大嘴呵呵大笑，他认为这个梦绝对是天意，有特别的寓意，是个吉兆。孙子有天子命，莫不是自己也该是天子呢？这件事对朱棣下决心发动靖难之役也有很大的心理推动作用。

后来，野心勃勃的朱棣把侄子皇帝朱允炆给灭了，自己真的做了皇帝。因此，他对长孙子另眼看待，这个孩子是真命天子，对他寄托非常大的希望，宠爱有加。

1407 年（永乐五年），朱瞻基被宠着爱着，已经九岁了。朱棣说：“叫孩子收心吧，不能再耽搁了，特命自己最为信任的大臣，靖难之役的第一功臣姚广孝为他讲习经书，还选用翰林诸臣为他讲经说史、熟习政务、增广见识。并多次指示，皇孙是个可造之才，尔等一定要尽心竭力。

朱瞻基天资聪颖，过目不忘，天生就是读书的材料。他不仅喜好读书，学习刻苦，大了一点儿，还特别喜欢研究古今兴衰、历朝治乱的内容，对治国的道理有自己的见解。朱瞻基的成长过程，是一帆风顺的。他从小就深得祖父朱棣的宠爱，却不骄纵。朱棣一心想把这个老天送来的皇太孙培养成同自己一样的文治武功英明之君。

1413 年（永乐十一年）五月初五端午节，民间家家踏春，户户饮米酒，满城净是粽子香。南京皇宫举行了热热闹闹的纪念活动。其中的一项游戏活动是射柳，朱瞻基大显身手，屡射屡中，博得上下一片盛赞。朱棣出联：“万方玉帛风云会。”他的眼光已经落到了孙子的头上。大家正在绞尽脑汁，朱瞻基已经跪下叩头，高声对道：“一统山河日月明。”朱瞻基把风光占尽，朱棣心花怒放，笑逐颜开。

朱棣经常对重臣们说：“此他日太平天子也，好好地扶持。”

朱棣在每次北征蒙古的时候，都把朱瞻基带到身边，亲自培养他，锻炼他的勇气，历练他文武兼备的能力，让他在战场上实践，教他应该怎样带兵打仗。朱瞻基历经风雨，见世面颇多，这对他后来的亲征有非常大的帮助。

朱瞻基有一个重大的功劳——他不但自己得到了未来的使命，还保住了父亲的地位。朱高炽被册立为皇太子，其位子一直风雨飘摇，但最终得以顺利登基，着实沾了不少儿子朱瞻基的光。

父子俩是朱高煦等人的眼中钉肉中刺，年轻的朱瞻基也被卷入了这场争斗的漩涡之中。但是凭着祖父对他的呵护，凭着他的勇气与睿智，亲自为父亲解倒悬，多次化险为夷，最终使父子俩登上了皇帝的宝座。

朱瞻基继承了皇祖父朱棣的英武，也具备了父亲朱高炽的睿智。据说，有一次朱棣的儿孙们去凤阳祖陵祭祖。按照朱元璋制定的祖训，他们要骑一段马，走两程路，再步行谒陵。途中，大家都健步如飞，只有肥胖的太子朱高炽，足疾严重，自己走不动，全靠着两名内侍搀扶，踉踉跄跄，出尽了洋相。汉王朱高煦在旁幸灾乐祸，嘲笑道：“前人失跌，后人知警。”朱瞻基应声回击：“更有后人知警。”他常在皇帝爷爷的身边，也常常护卫在父亲的左右，对于这个皇叔的作为早就看得一清二楚，他从来也没有对皇叔有过好感。

汉王朱高煦不由自主地回头看了一眼。就是这一眼，他看到了侄子一双带着笑意，却又充满敌意的眼睛，心里一惊，觉得应该对这个少年加强防备。此刻，朱高煦完全无法预知，就是这个“更有后人知警”侄子，在终于把他这位叔叔打败以后，将其扣到一个大鼎里面给活活烤死，子孙也被残杀殆尽，朱高煦这一脉，就在朱瞻基的手里断绝。

朱棣希望皇太孙以后做一位爱民的好皇帝。每次远征归来经过农户的田地，朱棣都要带朱瞻基看看，让皇太孙了解到农民面朝黄土背朝天的艰辛。正是在皇祖父朱棣的精心培育下，朱瞻基文韬武略，熟知政务，为将来治理国家积累了宝贵的经验。

1425 年（洪熙元年）五月，朱瞻基的父亲朱高炽登上皇座，十个月之后就突然去世了。当时朱瞻基正在南京监国，按照父亲的愿望，准备把国都从北京迁回南京。

他的皇叔朱高煦听说哥哥死了，异常兴奋，准备在半路截杀太子朱瞻基，自立为帝。

但是聪慧异常的朱瞻基早就预料到接班皇位的险恶，当他得知噩耗，以他对叔叔朱高煦的了解，估计其不会有很快的动作设伏。于是朱瞻基没有带很多的人马，就快马加鞭赶回北京，接管了政局。

朱瞻基少年时代就跟着祖父和父亲学习怎么样当皇帝，积累了一定的治国经验。回到北京之后，他一面妥善处理父亲的安葬后事，一面调动兵马，加强北京城的戒备，防止动乱，从容登基，改明年为宣德元年。这年，他二十八岁，风华正茂，颇有风度。

皇太孙当了皇帝，朱棣是看不到了，最不放心的儿子朱高炽已经跟他去了。至于那个大圭梦，就追随朱棣到他坟头萦绕去吧。

朱家的皇帝家族，已经正式从长子那里，转移到朱元璋第四子朱棣一脉的孙子辈。

平藩王革旧维新

平藩王，目标是朱高煦。

早在1417年（永乐十五年），深得永乐皇帝朱棣宠信的汉王朱高煦夺嫡失败后，受到惩罚，被徙封安乐州（今山东惠民）。

外藩，都是前几任皇帝的子孙后裔。建文、永乐、洪熙三朝都没有得到根本解决外藩问题，这回落到了朱瞻基的头上。这永远是叫人头痛的事情，是摆脱不开的大事。

朱瞻基少主初立，汉王朱高煦妄图重袭“靖难”故事，于1426年（宣德元年）八月举兵反叛。朱高煦被封在乐安食邑之后，夺取皇位的一颗野心，根本就静不下来，他从来就不甘心自己的藩王地位。

朱高炽病逝，朱瞻基刚刚即位，朱高煦认为自己的机会终于来了，他忍耐不住，也像他的父亲朱棣一样造反了，矛头直指五朝老臣夏原吉。

朱瞻基在杨荣等人支持下亲征安乐州，很快就包围了乐安城。以前汉王朱高煦部下有约定的大将，早看出来，朱高煦不会有什么出息，也都按兵不动，朱高煦没有外援，只能束手待毙，弃城投降。朱瞻基大获全胜、生擒朱高煦，平息了反叛。

群臣都劝朱瞻基将汉王朱高煦正法，但朱瞻基网开一面，没有杀他，而是将他父子废为庶人，软禁在西安门内逍遥城。然而，三年后，朱瞻基带着内侍前去探望，不想朱高煦依然不思悔改，还用脚将朱瞻基勾倒。朱瞻基恼怒之极，对其处以酷刑。

朱瞻基的又一叔叔朱高燧也与汉王的阴谋有所牵连，杨荣等人主张同加严惩。针对这种纷纭复杂的形势，朱瞻基举棋不定。

杨士奇一方面摸透了皇帝的心理，另一方面考虑到政局的稳定，与杨荣针锋相对，指出：“太宗皇帝三子，今上惟两叔父。有罪者不可赦，其无罪者宜厚待之，疑则防之，使无虞而已，何遽加兵，伤皇祖在天之意乎?”

朱瞻基思来想去，最终采纳了杨士奇的建议。

朱瞻基传诏给赵王朱高燧，暗示他交出兵权。赵王朱高燧心知肚明，权衡利弊，明智地交出了三卫兵马，朱瞻基也没有追究皇叔赵王的责任。

朱高燧主动献出护卫人马，保全了性命和他这一脉，朝廷政局趋向了稳定。就这样，明朝初年近半个世纪的藩王问题在朱瞻基这里终于得到了解决。

为休兵养民，朱瞻基一改永乐时的讨伐政策，主动撤兵，既减轻了人民负担，又节省了国库的财物人力，还利于社会的安定。

朱瞻基革除前弊，整顿纲纪，对那些“贪津不律”“不达政体”和“老疾”者，予以罢免，实行精简和裁冗措施，以振朝风。派遣廷臣出任地方知府，而这些通过荐举和赐敕委派的知府，多为当时最干练的官员。另外，他在一些重要省份设置巡抚，主要目的是整理赋税。他还实行了一些济寒赈贫的措施，蠲免税粮、复业流民、赈灾救荒等，在稳定明朝统治方面起到了一定的积极作用。

传丹青才华横溢

明朝十六位皇帝，除了朱常洛被父亲剥夺了接受学习的权利，其他的帝王，无论在位长短，无论管理国家的水平怎么样，都从小受到过严格规范的教育。明朝皇帝书画作品的水平都很高，最出色的就是宣德皇帝朱瞻基。

明朝的宫廷，有豹房、虎房等，专门饲养大小动物，供帝王与后妃闲暇赏玩，每个皇族成员都有机会接近动物。朱瞻基长了一双照相机一般的眼睛，过目不忘。他观察敏锐，会抓取小生灵生动的一瞬，笔下的猫狗猴鼠等动物不仅比较多，而且点染工夫很细。朱瞻基喜欢画意趣横生的花石和小动物，还常将画作赐给太监与大臣 。

《戏猿图》

《戏猿图》绘于 1427 年（宣德二年）。这一年，明宣宗朱瞻基二十九岁，盼望儿子多年的朱瞻基，终于得了第一个儿子朱祁镇，即后来的明正统皇帝。

终于得子，珍爱有加，快乐之时，画笔一挥，就借喻画了这幅画作。他把自己当作公猿，把皇后比作母猿，儿子就是小猿了。他画母猿紧抱小猿蹲踞石上，树上公猿摘枇杷给母猿与小猿吃。可见朱瞻基善于观察，热爱生活，充满了人性。他也和平常人一样，是对亲情无比珍惜的父亲。

《戏猿图》，淡淡的背景有一枝瘦竹，一丛苇草、两根荆棘，朴实无做作。还有一棵结实的枇杷树供食，有三两块馒头一样的山石落脚，体现了朱家王族过着与平民一样的简朴生活与经济基础，寓意深刻。

这一年，还有几幅关于老鼠的作品，也值得一提。由于老鼠一胎多子，苦瓜等果实里面也有很多种子，因此它们代表了繁育能力最强的动物和植物。朱瞻基画了《苦瓜鼠图卷》，表达了他

《苦瓜鼠图卷》

希望子孙满堂的梦想。通常人们都很讨厌老鼠，而朱瞻基却将老鼠作为美好的艺术形象来描绘，他是一位难得的能发现与挖掘老鼠之美的画家。

他的鼠图是有意趣的写意画，其画法兼用了没骨和勾描，体现了明初的画风。整幅作品生动有趣，布局合理，用笔有虚有实。水墨粗笔点染瓜叶，虚笔淡墨画出藤条。在画面的大石之上，一只可爱的小老鼠踞石蹲伏，曲折伸展的苦瓜藤条，沿大石旁的竹枝攀绕而上，枝叶丰茂，苦瓜已经成熟肥厚，小鼠在眼巴巴地盯着苦瓜，口水都要流出来了，急待攫食。值得注意的是，《苦瓜鼠图卷》中的苦瓜表面有瘤状突起，略似荔枝壳，又名锦荔枝。

《荔鼠图》之一

《荔鼠图》之一，他赐给太监吴诚一幅，画的是一只小鼠正在吃荔枝，小鼠的个头甚至比荔枝还小，非常可爱，旁有两块石头，一丛菖蒲，茂盛于石头的顶中央。

《武侯高卧图》画的是诸葛亮敞胸露怀，头枕书匣，仰面躺在竹丛下，举止疏狂。当是诸葛亮出茅庐辅助刘备之前，隐居南阳躬耕自乐的形象。三十岁的朱瞻基作此画赐给老臣陈暄，表达了当时他求贤若渴的心情。

《武侯高卧图》

《御临黄筌花鸟卷》用笔极精细，妙在傅色，造型准确，珍禽、玉兔、花卉以五色渲染，工整不苟，细润生动，尽显“皇家富贵”气，画面绢素，包浆莹润自然，钤有：武英殿宝、玺印。

《御临黄筌花鸟卷》

明代鉴藏家王世懋（1536—1588 年）在此卷上题跋："御笔亲摹玉兔奇，画师虽巧亦难齐。中原麟凤知多少，未得君王一品题。隆庆改元仲秋，琅琊王世懋"。铃印："王氏敬美，妙明山房。"皆尽感怀赞美之词，由此可知此卷在明嘉靖，万历时代已为书画行家，题鉴传世。

此外，朱瞻基流传于世的作品还有很多：《双犬图》《三阳开泰轴》《花下狸奴图轴》《壶中富贵图》等。

《双犬图》

《三阳开泰轴》

朱瞻基当皇帝的时候，在皇宫创办了画院，养了一批优秀的画家。宫中画师每呈作品，他均一一观览加以评论，尝作图书赐重臣。他大力经营宫廷画院，成绩显著。在他统治时期，宫廷绘画有很大的发展。

第四章

隔代教育叛逆多——朱祁镇

九岁的朱祁镇还未能在成长的道路上与文武兼备的父亲及时对话沟通，就背负着“圣贤之君”的厚望当了小皇帝。一个优秀的奶奶和一群优秀的老师，制订了他们认为最优秀的圣贤之君教育计划。朱祁镇虽天资聪颖，却不爱读书，他不想死读书。

朱祁镇宠信过奸邪小人，打过败仗，当过俘虏，做过囚犯，杀过忠臣，他的人生算不上光辉。他几乎相信了在他身边的每一个人，但无论这些人是忠是奸，不管在什么样的环境下，他都能够和善待人。

反腐倡廉，是他所想；改革时弊，是他倾情。定都北京，他成为保护古都北京的千古功臣。废除嫔妃殉葬，是他这一生中最让人称道的德政。

文华殿经筵逃学

北京紫禁城，修建于永乐年间，金碧辉煌，规模宏大。在迷宫一样的宫殿群中，有一处建筑群比较雅静，这就是明朝历代太子学习和听政的地方——文华殿。

文华殿位于奉天门的东边，会极门的东南，屋顶覆盖着绿色的琉璃瓦，雕梁画栋，精雅极致。在文华殿的左边是左春坊，右边是右春坊。大殿的后面是王食馆，刻漏房。文华殿迎门的匾额上，写的是：学二帝三王治天下大经大法。经筵讲在文华殿的前殿，日讲在殿后穿廊。

前朝的日讲制度基本完善，只有经筵事还没有完善。

什么是经筵？经，指的是经典，主要是儒家的五经，即《周易》《尚书》《诗经》《礼记》《春秋》等。筵的本意为竹席，引申指座位，此处是讲席的意思。合起来，经筵就是儒臣给皇帝上课，讲授儒家经典或治国之道。主要的内容就是对皇帝进行辅导，讲解帝王修齐治平的统治术。

朱瞻基死后，垂帘听政的太皇太后张氏，思前想后，决定把没有形成经筵事经制给予制度化，她挑选硕儒名臣定期给朱瞻基的长子朱祁镇讲解经史，委任股肱。至此，明清的经筵事形成了制度。

朱祁镇尚且不谙世事，他的启迪教育，完全是在祖母太皇太后张氏的高度关注下，一手操持进行的。

经筵进讲之日，殿中设御座，御座面南。

御座之南设金鹤香炉，左右各一个。香炉的东稍南设御案。御案之南稍东设讲案。御案讲案上面各放讲章，镇以金尺。

这天，是第一次经筵事进讲，天还没有透亮，时辰却是到了。

顾命五大臣，同知经筵事阁臣，讲官及九卿，鸿胪，锦衣指挥使及四品以上的写讲章之官皆穿绣金绯袍，展书翰林官与侍仪御史，给事中等穿青色绣袍，都摸黑赶来，此刻肃立文华殿门外站班列队。

远远地来了一支仪仗队，是皇帝的仪驾来了。

只见二十八位将军大汉手持金瓜开路，引导小皇帝朱祁镇到左顺门，换了冠服。

换好了衣服后，朱祁镇在御座升殿。在外面等候的诸位官员由东西两门鱼贯而入，分别行礼，各入班列。仪式非常隆重，朱祁镇感到好玩，前呼后拥，威风凛凛，过足了瘾。一切听从陪臣的指导，朱祁镇还算安分。

繁文缛节之后，一切就绪，抬御案的官员举着御案放到朱祁镇的面前，之后，又举着讲案放到了讲官的面前。

这时候讲官出班而立，展书官二员出班对立。讲官在朱祁镇面前行礼。

讲章系四书经义之类。东西展书官，先东后西，膝行到朱祁镇的御案前展开讲章。艰涩玄妙的内容，朱祁镇爱听不听，东张西望。讲官讲完了，退回班列。终于熬过了这一讲，朱祁镇顿觉解放，命宦官扔了一把铜钱在地上，讲官赶紧伏地捡起谢恩。朱祁镇一跳老高，哈哈大笑，顽童的嘴脸呈露出来。

之后，朱祁镇传旨，赏群臣酒饭。官员们拜伏在丹陛之下，旋即以官序进餐。

对于儿童天子朱祁镇来说，玩心正浓，他可是不愿意老老实实坐板凳。第一次接受进讲，繁文缛节全当作玩儿，小孩子还觉得好奇好玩。几次之后没新鲜玩意儿了，就不耐烦了，讲官讲的什么，他是一概听不进去，抓耳挠腮的，在“御座”上跳上跳下。讲官哪里管得了，可谁也不敢吭声，面面相觑，任由小皇帝胡闹。

突然，朱祁镇会从“御座”上跳了下来，“嗷”地大叫一声，冲出了前殿，飞奔出去。惊得讲官一头冷汗，下意识地在后面奋起直追。

正要追出文华殿，恰逢太皇太后的懿驾悄悄地堵在大门口，以防备皇帝逃学。太皇太后深知这个孙子的顽劣性情，也早就预料到孙子会逃学，就命侍卫搬了懿座，坐在了文华殿的大门口，牢牢地守株待兔。结果不出所料，每次都把朱祁镇逮个正着。

太皇太后威严地喝道：“哪里去？”

朱祁镇没有了父母亲，就是这位祖母又当爹又当妈，他是又亲近又惧怕，心里的霸道气势，顿时矮了下来，编了一个理由，唯唯诺诺地回道：“解手。”

太皇太后呵呵一笑：“来呀，伺候着。”

侍卫马上就端过一个便盆，另外一个宫女把小皇帝带到了一边，帮助解裤带，扒裤子。可是，有时候，朱祁镇根本就没有尿水，好半天也没有尿出一滴来。谎言顿时被揭穿。

太皇太后又好气又好笑，闪动一双凤眼，说道："乖孙子，为何逃学?"

朱祁镇撅起了嘴巴："为何要学习？玩儿是多么的痛快。"

"你是皇帝，跟别的孩子是不一样的，一定要接受经筵讲学的。"

"什么经筵，我不懂。"朱祁镇一跳老高，小眼睛叽里咕噜地乱转。

辅政大臣张辅今天是主讲官，朱祁镇逃跑，他也就跟在后面跑了出来。

这时候，他说话了："皇帝听讲，是老祖宗定的规矩。"

朱祁镇的小眼神儿在陪臣中飘来飘去，寻找罪魁祸首，恨恨地说道："老祖宗？不对吧，那些都是牌位，你们，是哪个叫朕牢牢地坐在这里受苦?"

太皇太后和颜悦色："是祖母叫乖孙子在这里好好学习，天天向上。"

朱祁镇这才没有话说，乖乖地返回殿内，重新坐在了小御座上，装模作样地听完今天的讲课。

原来，太皇太后还真的不是主谋，朱祁镇以冲龄（即幼年）即位，杨士奇、杨荣、杨溥柄政，身负幼主教育之重责大任，上疏请开经筵，是太皇太后的懿旨准奏的。

恢复"经筵"，的确是杨士奇、杨荣、杨溥的提议，不过，"经筵"不是"三杨"的创举。自汉唐以来，经筵进讲制就有了，这是为帝王讲论经史而特设的御前讲席。

到了宋代始称经筵，讲官以翰林学士或其他官员充任或兼任。宋代的时候，过了大年出正月，一直到端午节，从八月中秋到冬至节为讲期。讲官每逢单日入侍，轮流为皇帝讲读。经筵之制虽于宋代已形成，但形式并未固定。

元朝以后沿袭此制，到了明初，朱元璋重视皇子文化教育，以后的诸帝就都勤政好学，讲学虽未制度化，但于圣学犹无大碍。到了正统年才形成了制度，这就归功于太皇太后张氏。

开始的时候，制定经筵仪注为，每月二日、十二日、廿二日三次进讲，朱祁镇小皇帝御文华殿，遇寒暑则暂免。

开经筵为朝廷盛典，由勋臣一人知经筵事，内阁学士或知或同知经筵事，六部尚书等官侍班，配备有展书、侍仪、供事、赞礼等人员。

除每月三次的经筵外，还有日讲，只用讲读官内阁学士侍班，不用侍仪等官出席。讲官或四人或六人，每伴读十余遍后，讲官直说大义，惟在明白易晓。日讲仪式较经筵大为简略，或称小经筵、小讲。

经筵讲学自朱祁镇开始制度化，每日一小讲，每旬一大讲。经筵，是帝王接受儒家教育的主要方式。

随着年纪渐渐地大起来，朱祁镇在太监王振的不断吹风怂恿下，会千方百计地找理由罢课，可惜了太皇太后的用心良苦。

遇到天阴下雨，朱祁镇耍赖传旨："今日落雨，经筵讲学，免了。"

由于太皇太后有命，侍班讲官们又不敢违背抗命，一直就侯着，有时候，等待太皇太后做好了工作，把小皇帝哄骗出来。朱祁镇什么时候到，忠心耿耿的侍班讲官们什么时候才可以上前讲课，完成这日的讲课任务。

遇到了一个好天气，朱祁镇也有主张，依旧放赖传旨："今天天好，朕要出去骑马，经筵讲学，免了。"

等到侍班讲官们报告给太皇太后的时候，已经晚了。

这边，司礼监的太监王振一群大小太监，早已经备好了马匹，簇拥着朱祁镇，风驰电掣般冲出紫禁城，呼啸着到野外游玩去了。

实在没有其他的理由了，朱祁镇这个小孩会以圣躬违和或祁寒盛暑为由暂免经筵日讲。

太皇太后十分注重经筵，视为讲学第一事，她严厉地对孙子说："经筵一日不废，则圣学圣德加一日之进。"

朱祁镇叫嚷道："祖母，孙儿认为经筵无用。前朝都没有这么认真的，废了吧。"

太皇太后严肃地说道：

> 一月不废，则圣学圣德加一月之进。盖人之心思精神有所繁属，则自然强敏。经筵讲学，正人主，开广心思，耸励精神之所也。讲学不致间断，以收持之以恒之效。

"太祖一朝，也没有经筵事，一样的治理天下。"朱祁镇强词夺理，举例说明，他认为这个铁证如山。

太皇太后眼睛一瞪，非常生气，厉声教训道："小小年纪，是谁跟你这么说？太祖，靠率领千军万马，杀败了敌人无数，马上得到天下，古今中外，谁能匹敌？得了天下，这文华殿，就是太祖皇帝学习的地方，经筵事是太祖确定，目的是革君心、正君心，你敢违背祖训吗？"

朱祁镇的脸都气白了，他哪里受到过这样的批评训斥！他不敢对太皇太后撒气，只用小眼睛，恶狠狠地瞟着五位顾命的大臣。心里想：要是没有这几个老家伙，朕也不会受到太皇太后的训斥！把朕看守得牢牢的，管制朕！你们等着，早晚我要收拾你们。

每遇帝王怠惰弃学，百官总会上疏谏诤，特别是五位顾命大臣认为：帝王大节莫先于讲学，讲学莫要于经筵，经筵不可一日稍废。每月三次的大经筵，典礼隆重，遇上朱祁镇这位不喜学问的儿童皇帝，与五位顾命老臣情不相浃，动兀就想逃避，进讲成为了表面文章。

对五位老师的良苦用心与尽职尽责，少年朱祁镇却怀恨在心，恩将仇报，这是后话。

辅政五臣日讲周公言

为了把小皇帝朱祁镇培养成为圣君，著名的硕儒辅政五大臣在太皇太后张氏的直接授意下，绞尽了脑汁，坚定不移地用传统的儒家帝王学说来打造皇帝。

自正统二月起，每月逢二必讲学，除了盛夏和严冬，皇帝的教学内容，都坚持按照辅政大臣的教学大纲进行，或者是按照辅政大臣编制的程序进行。可以说，朱祁镇从小接受的就是“帝王之术”。

说到对小皇帝朱祁镇的教育，一定要提到他的老师们。据《明史》记载，经筵讲读官——朱祁镇的老师，非常之多。有：张辅知经筵事；杨士奇、杨荣、杨溥同知经筵事；少詹事兼侍读学士王直，少詹事兼侍讲学士王英，侍读学士李时勉、钱习礼，侍讲学士陈循，侍读学士苗衷。还有太子太保陈国公朱勇，少保兼工部尚书吴中，吏部尚书郭琎，礼部尚书胡濙，兵部尚书王骥，刑部尚书魏源，都察院右都御史顾左为侍班。由此可见，为朱祁镇举办课讲的，都是朝廷的辅政大臣，为了这个小皇帝的教育，太皇太后张氏汇全国精英之智。

辅政大臣为师，而对朱祁镇来说，最重要的老师是“三杨”——兵部尚书兼华盖殿大学士杨少奇、少傅工部尚书兼谨身殿杨荣、礼部尚书兼翰林院学士杨溥。三人皆于建文时入翰林院的，历永乐、洪熙、宣德、正统四朝，乃四朝元老，三人先后位至台阁重臣。在永乐至成化年间，文坛上出现了雍容典雅“台阁体”诗文。台阁主要指的就是当时的内阁与翰林院，称为“馆阁”。台阁体的馆阁文臣代表人物就是杨士奇、杨荣、杨溥。时人称杨士奇有学行，杨荣有才识，杨溥有儒风。

朱祁镇还在做太子的时候，三人以大学士辅政，他们都是教授太子朱祁镇的启蒙老师。“三杨”的学识与辅政对朱祁镇“帝王之术”的文治教育与影响是巨大的。

“三杨”中，杨士奇受知于仁宗、宣宗、英宗三朝，在文渊阁任事四十年，任职时间之长，为有明一代之最。论事存大体，他的功绩有：请免赋薪、减官田、理冤滞、汰工役、抚逃民、察墨吏，善识人，所荐皆名士，他的口碑很好。

朱祁镇登基初时，他们三人得到太皇太后张氏的支持，所以得以延续仁宣之治的德政。

影响到朱祁镇教育的还有两位顾命重臣老师，一位是文臣礼部尚书胡濙，一位是兵部尚书武将张辅。但是，这二位无论是学识与见地以及治国的才能跟‘三杨”比起来，相差甚远。倒是胡濙，在正统元年二月，为了培养小皇帝速成，进经筵仪注，建议把经筵制度化规范化，算是成功了一次。

在他们看来，要把朱祁镇培养成为圣君，能够君临天下，只有开圣学，让饱学之士正人君子走到皇帝的身边来，才可以让皇帝更多地接触正统教育。

就是说：在朱祁镇当太子的时候，没有开经筵；在当皇帝的时候的正统元年，才有经筵事。太子的教育，在幼童的时候，仅仅是启蒙教育。

一次日讲，杨荣主讲《大学》，正赶上朱祁镇心情极好，因为，杨荣答应他，“背得下来，就可以出去骑射”。

杨荣还没有讲几句，朱祁镇就挥手打断了他：“得了，你不要讲了，啰嗦。你讲的，我都会。不信，我背诵给你听。”

于是，小嘴巴一张，声音脆响，噼里啪啦，一口气就背了一大段，可把杨荣给镇住了，大嘴巴张得能够吃人，眼睛牛大：“天！天子！天的儿子！”从此，他再也不敢小视、怀疑小皇帝的智商。

朱祁镇是一个非常淘气、聪慧的小孩。从小就好动，不喜欢练字，一直到死，他也没有练出像样儿的书法来。

到了练书法的时候，按照祖宗的规矩，每天至少应该练一百个字。杨士奇主教书法。杨士奇的馆阁体书法是雍容饱满，看起来要多漂亮，就多漂亮。馆阁体书法和馆阁体诗词一样，是受到民间文人雅士的吹捧，争先模仿的，他的字迹墨宝，千金难求。他为小皇帝教书法理所当然。每次，都是杨士奇手把手地教练，时间稍微一长，小孩子就反感了，手在动，心却不知道跑到哪里去了。

“皇上，写字要用心哦。”杨士奇提醒小皇帝。

“我不想练字。”

“皇上一定要练字的。亲政以后，要批阅奏章，没有一手好字是不行的。”

“谁说的？我不会写，难道你们不会替朕批奏折吗？”

“奏折，一定得御批，臣子是不可代劳的。”杨士奇谦卑地劝说。

“那要你们有何用啊？”

“臣子是为皇上服务的啊。”

“这不就结了？”朱祁镇一脸怪异，哈哈大笑。杨士奇一不小心，就落入了朱祁镇的圈套。

不喜欢书法，但这不影响到朱祁镇读书，他天资聪颖，记忆力强，这大概就是他天生的“帝王”资质。每当上课的时候，他表现得爱听不听，心不在焉，实则他已经记在了心里。本来，这些老师们对这个小孩的顽劣是无可奈何，但是偶然的发现却叫这些硕儒吃惊不已，小皇帝能够举一反十，说出的话成熟老到，令他们震撼。

太皇太后深宫听政

小皇帝不能处理国事是肯定的。所幸，朱祁镇有一个非常有能力的老祖母张氏。这位张氏不是泛泛之辈，而是可以左右国政的巾帼英雄。如果说辅政五大臣是足球场上的冲杀凌厉的国脚，她就是幕后的智囊操刀手；他们是四朝元老，她就是四朝功臣。对小皇帝的教育影响，她既是祖母也是母亲，更是老师。

这样评价这位女人，史书是有根据的。还是在宣德初年间，军国大事都是张氏裁断的。

1396 年（洪武二十九年），朱高炽被立为燕王世子，张氏因为姿色美丽，聪慧异常，被选为燕世子妃。后来，朱高炽晋升为皇太子，她就被封为皇太子妃。张氏孝谨温顺，侍奉成祖夫妇尽心周到，深得成祖和徐皇后喜欢。

燕王朱高炽生性仁厚端重，举止言行沉静有法度，但生性懦怯，一直被冷落，得不到父亲宠爱。然而，张氏所生的长子朱瞻基聪慧好学，深得朱棣宠爱。

虽然朱高炽当时的处境非常艰难，但在张氏和儿子朱瞻基的智慧支撑下，朱高炽太子地位卫冕成功。

张氏足智多谋又善厨艺，请公公婆婆朱棣夫妇在内苑举行家宴，张氏亲自下厨展示厨艺，一道道鲜美的菜肴端了上来，把朱棣吃得满嘴流油，连声叫好。

朱棣高兴地对徐皇后说："太子妃很贤惠很能干，以后，我们家的事情，可以依赖她。"

1424 年（永乐二十二年），朱棣病逝，太子朱高炽即位后，立刻册封妻子张氏为皇后，长子朱瞻基为皇太子。朱高炽日夜勤于政事，是位贤明的君主，可惜在位不足一年就崩了。

1426 年（宣德元年），朱瞻基即位，尊封母亲张皇后为皇太后。此时，军国大事多禀报张太后裁决。朱瞻基非常孝顺，他亲自侍奉张太后的起居游宴，跟在身边。四方献来的贡品，他一定会先送给太后。

1429 年（宣德四年），张太后拜谒成祖及仁宗的陵墓，朱瞻基骑马前导，过桥时下马扶辇。张太后见民众夹道拜迎，就对朱瞻基说："百姓拥戴你，不过是你能够做到让他们安居乐业罢了，皇帝应牢牢记住。"在回宫途中，太后召农家老妇问生计，还赐给钱币，用行动来教育朱瞻基。这时候有百姓献农家的蔬食酒浆，张太后接过来给朱瞻基："这是农家味啊！"

1435年（宣德九年），朱瞻基驾崩，皇太子朱祁镇才九岁。朱瞻基临终前曾向文武大臣发出一道旨意，让皇太子继承皇位，众位王公大臣都必须严守祖宗的家训，各王谨守藩国。嗣君年幼，惟望皇太后朝夕教诲训导，命文武大臣尽心辅佐，凡家国重务，必须上禀皇太后、皇后，然后去执行。

太皇太后即召集大臣们到乾清宫，指着九岁太子朱祁镇哭着说："这就是新天子。"群臣齐呼万岁。朱祁镇即位，张氏成为明朝第一位太皇太后。

新皇年幼，大臣要求太皇太后张氏垂帘听政。然后，由于张氏垂帘听政，固定的早朝就暂停了，军国政务委托杨荣、杨士奇、杨溥三人处理，这便是名垂史册的"三杨辅政"。由此，朝政便形成了太皇太后、小皇帝及身后的太监、大臣这样三角形支撑的局面，其中起主导作用的核心，就是太皇太后张氏。

张氏勉励朱祁镇努力学习，委任辅佐大臣。她对娘家人一直严格要求，常召见家人张昶、张升，告诫他们不许干预朝政。朝廷倚重"三杨"，凡军国大事皆请他们参决。

这时，她的同乡宦官王振，已经开始控制司礼监、与"三杨"相抗衡了。得知朱祁镇宠信太监王振，太皇太后张氏大怒，重重惩罚了王振，在她有生之年，王振一直不敢靠前。

1442年（正统七年），太皇太后病逝。皇帝尊谥为"诚孝恭肃明德弘仁顺天昭圣昭皇后"，与仁宗合葬献陵。

司礼监太监王振的影响

在朱祁镇的身边，有一个司礼监太监叫王振。

王振，是明朝第一个专权的太监。这个人，虽然只是一个四品太监，但其对朱祁镇的影响大大超过辅政五大臣，可类比后来清朝的李莲英对慈禧，差不多达到祸国殃民的程度。

明宣宗时，王振进入内书堂学习，受到严格的书本教育和行政训练。在永乐、洪熙、宣德三朝，宦官多数识字却不会写字，王振进宫不久，因为有文化是儒生出身又能说会道，为人乖巧圆滑，会察言观色，很聪慧，通晓古今，自身条件优越，在那些木头木脑的文盲宦官中间，出类拔萃。因此脱颖而出，得到了明宣宗朱瞻基的信任，在宣德年间被选拔侍奉皇太子朱祁镇读书，为太子启蒙。他为人狡黠，善于逢迎，讨得了朱祁镇的欢心。

牛不吃草强按头。太皇太后和辅政五大臣从传统的为臣之道出发处理问题，强迫朱祁镇学习，恨铁不成钢。尽管对王振不满，却终不敢与少年天子瓯翻而分道扬镳，他们所唠叨的是经筵，日讲教育，而小皇帝对那些安邦济世的先哲著作，圣贤教诲，兴趣索然。而王振最会拍马屁，善解人意，迎合小皇帝的“顽童”心理，千方百计把朱祁镇“救出”文华殿的经筵讲学“牢狱”，带他去骑马、狩猎、踢球、放风筝、阅武校射、游西苑、巡太液。有王振的日子，是朱祁镇最快乐的日子。因此，朱祁镇对王振的依赖，也不难理解。

朱祁镇即位后不久，升任王振为司礼监太监。朱祁镇称其为“先生”。司礼监部门掌管皇城里的一切礼仪、刑事及管理当差、听事等杂役，替皇帝管理内外一切奏章，代皇帝批示大小臣子上奏的一切公文。王振通过对英宗皇帝朱祁镇的个人控制及司礼监的独特权力开始干预朝政，给杨士奇为首的内阁造成极大的威胁。此后，王振倚仗朱祁镇的宠信，利用司礼监管理内外章奏之便，多次私自做决定，干预朝政，压制百官。

1437（正统二年）正月末，太皇太后张氏要杀王振，由于朱祁镇极力求情，王振方免一死。王振受到了太皇太后张氏及内阁“三杨”的制约。

王振有一些狐朋狗友，其中就有锦衣卫指挥马顺和他的外甥副指挥王山，兵部尚书徐晞和王冀，到后来他们基本控制了明朝的军事力量，开始向杨士奇等人进行挑战。

王振首先攻击的目标是“三杨”之一的杨荣。杨荣这人很贪财，喜欢收受贿赂，使王振找到了突破口。他们设计了一条毒计：靖江王佐敬乘杨荣不在家时，给家属送去一些金银财宝。然后由王振侦知，就抓捕了杨荣，必欲置之死地。杨士奇不顾年老体衰，亲自跑去向皇帝求情，杨荣才躲过一劫。

1440年（正统五年），杨荣去世，杨士奇感到势单力薄。年迈的杨士奇极力支撑危局，施展自已的才能，建议朝廷训练士兵，巩固边防，设南京参赞机务大臣，分派文武镇抚到各地考察民情，罢除派往各地的特务，减轻百姓的赋税，放宽刑罚，加紧吏治的整顿，这些好政策使朱祁镇在统治初年勉强继续保持政治清明的局面。但是以王振为首的宦官，是绝对不允许的。他抓住了杨士奇的致命把柄。

原来，事情坏在了杨士奇的儿子杨稷身上。杨稷因杀人，“横虐数十事”，王振指使言官上奏皇帝，要求绳之以法。大臣们讨论后将情况通报给杨士奇，杨士奇深感责任重大，无言以对，自觉没有颜面，请求皇帝准许自己辞职，朱祁镇对他加以劝慰没有准许。

1442 年（正统七年），太皇太后张氏去世，杨士奇更失去了最坚强的后盾，面对王振势力的膨胀，他忧心如焚，积郁成疾。第二年，杨士奇大限已至，葬于今泰和县澄江镇杏岭村北山坡上。诏赠左柱国太师，卒谥文贞。

此后，由于太皇太后张氏和内阁“三杨”或死或退休，辅政大臣们都逐渐退出了政治舞台。王振乘机掌握了朝中大权，他的权利很快达到高峰，开启了明朝两百多年宦官专权的序幕。

元老重臣“三杨”死后，王振专横跋扈，把明太祖留下的禁止宦官干政的敕命铁牌撤下，举朝称其为“翁父”，朱祁镇对他信任有加。王振擅权七年，家产计有金银六十余库。王振大兴土木，广收贿赂，败坏朝纲，并且发动战争，出兵麓川（今云南西部）。

在 1449 年（正统十四年）的时候，蒙古西部的瓦剌逐渐强大，经常在明朝边境一带生事。不懂军事的王振力排众议，鼓动朱祁镇效仿父亲朱瞻基一样御驾亲征，朱祁镇欣然同意。时间仓促，朱祁镇从北京附近临时拼凑二十万人，号称五十万大军，亲率北上。但是，后勤供应发生了问题，大军出征后不久，兵士乏粮劳顿。到了八月初，大军才缓缓行至大同，错过了攻击良机。瓦剌已经把朱祁镇的各路大军打败，兵败如山倒，兵将都惧怕瓦剌人，不敢再战，朱祁镇不得不仓惶回京。

至土木堡（今河北张家口怀来县），明军被瓦剌军追上，剽悍凶猛的瓦剌人砍杀明军过半，随从大臣中有五十余人战死阵亡。朱祁镇哪里见过这样的阵势，他吓得半死，突围不成而被俘获。王振被愤怒的护卫将军樊忠砸死，结束了可悲的一生。这就是著名的土木堡事件，是明朝由盛转衰的一个转折点。

朱祁镇被俘，朝廷无主，兵部侍郎于谦与皇太后商量，决定拥戴朱祁镇的宗弟朱祁钰即位，年号景泰。

于谦升任兵部尚书，整顿边防积极备战，同时决定坚守北京，随后各地勤王部队陆续赶到。同年十月，瓦剌军直逼北京城下，也先安置朱祁镇于德胜门外土关。

于谦率领各路明军奋勇抗击，屡次大破瓦剌军，也先率军撤退。明朝取得北京保卫战的胜利，于谦力排众议，加紧巩固国防，拒绝求和，并于次年击退瓦剌多次侵犯。瓦剌军一看，人家又有一个皇帝了，留着朱祁镇也没用，就在第二年放了朱祁镇。

然而，他的弟弟朱祁钰，已经当了皇帝，根本就不愿意把皇帝的宝座还给哥哥。朱祁钰先是不愿遣使迎驾，在接回朱祁镇后就将他困于南宫（重华宫）软禁，并废了皇太子朱见深，立自己的儿子朱见济为太子。不久他的儿子朱见济病死，没有儿子的朱祁钰也迟迟不肯再立朱见深为太子。朱祁镇和朱祁钰兄弟因而对立。谁愿意把自己的皇帝宝座与权力拱手送给别人呢？朱祁钰没有那么高的境界。

1457 年（天顺元年），朱祁镇被软禁的第八年，石亨、徐有贞、曹吉祥等人联手，拥戴朱祁镇复辟，趁着朱祁钰重病之际发动兵变。徐有贞率军攻入紫禁城，石亨等人占领了东华门，立朱祁镇于奉天殿，改元天顺。他们以谋逆罪处死于谦、王文，贬朱祁钰为郕王，这就是著名的夺门之变。

明英宗朱祁镇通过夺门之变复辟之后，对在靖难之役后被幽禁的建文帝之子朱文圭动了恻隐之心。

1402年（建文四年），朱棣攻克南京，朱文圭之父朱允炆、哥哥朱文奎不知所终，母亲马皇后自焚而死。当时，朱文圭只有两岁。后来，朱文圭被朱棣长期幽禁于中都（凤阳）广安宫。此时，经历了八年幽禁生活的朱祁镇不忍心再囚禁朱文圭，意欲将其释放。一天，他对大臣李贤说："亲亲之意，实所不忍。"李贤对此大加赞赏。

虽然他身边有其他人担心放出朱文圭可能引起事端，但朱祁镇泰然表示"有天命者，任自为之"。朱祁镇下令在凤阳为朱文圭修建房屋，任其自由出入，还为其娶妻，以续其子，并派人照顾他的生活起居。此时，朱文圭已被幽禁五十多年，从未料想还会有被释放的一天，面对如此圣恩，不免悲喜交加。

1464年（天顺八年）正月，朱祁镇在病榻之上，召见了同样历经人生起伏的儿子朱见深，在传递皇权接力棒时，留下了这样的嘱托："自太祖高皇帝以来，但逢帝崩，总要后宫多人殉葬，我不忍心这样做，我死后不要殉葬，你要记住，今后也不能再有这样的事情！"就这样，明朝自洪武开始的毫无人性的嫔妃殉葬制度终于被废除了。

第五章

委权宦官朝纲乱——朱见深

在经历了太子之位失而复得的人生波澜后，有鉴于其父朱祁镇制造了兵部尚书于谦等人冤狱的教训，朱见深继位之后下令平反昭雪，并在朝廷提倡上下团结。他画有《一团和气图》，以虎溪三笑的典故表明了自己的观点。

朱见深用二十三年的时光来给他的朝政描画写真，在写真集里面，他画了有恋母癖的自己，画了西厂特务、宦官弄权、纸糊三阁老、泥塑六尚书，他画了一幅群丑混乱朝政图。

太子之位失而复得

瓦剌是西部蒙古民族，瓦剌先世为“斡亦剌惕”，居住于叶尼塞河上游八河地区。

明成祖朱棣曾统兵北征西部蒙古，与瓦剌人在忽兰忽失温（今蒙古国乌兰巴托东）大战，打得统帅马哈木大败。

1449 年（正统十四年），瓦剌部落的头领也先，借口出兵，大举进攻大同、宣府、辽东、甘肃一代，势如破竹，声势浩大。

好多年没有战争了，好不容易出了这么样的大事件，朱祁镇的心痒痒的。在宦官王振的怂恿下，他不顾任何人的劝阻，执意亲征。于是，按照皇太后的旨意，两岁的朱见浚被立为皇太子。

建功心切的朱祁镇被也先设计诱骗到了大同，破其前锋，大败在土木堡，朱祁镇被活捉，这就是著名的“土木之变”。

为免瓦剌借皇帝的名义骗开关防，更为了避免国无皇帝，于谦等大臣与皇太后商议后，决定拥立皇帝的弟弟、郕王朱祁钰为皇帝，遥尊英宗为太上皇。

于是，朱祁钰登基，改元景泰。

人家立了新皇帝，手中的朱祁镇没有价值了，瓦剌的阴谋破产，大怒之下攻打北京。京城守军在兵部尚书于谦的带领下，顽强抵挡住瓦剌的攻势。直到各地勤王部队接连赶到，瓦剌才无奈退兵。

想到哥哥要回来了，朱祁钰心里不踏实，装样子跟朝臣表示自己想退位："朕本不欲登大位，当时见推，实出卿等。"

于谦从容说道："天位已定，宁复有他，顾理当速奉迎耳。万一彼果怀诈，我有辞矣。"

朱祁钰四周看看，说："从汝，从汝。"心里其实是很高兴的。

朱祁钰不断派出使者李实、杨善等人到也先部，请归上皇。

到了1450年（景泰元年）八月，又遣人前往，去讨要回太上皇朱祁镇。

也先看到被俘一年左右的朱祁镇，表现得老老实实，认为也没有什么价值了，就放了他。

朱祁镇被接了回来，性命得以保全。朱祁钰正在当皇帝开心得不得了，哪里会把皇帝的位置还给哥哥呢？舍不得宝座，舍得了哥哥！他把哥哥朱祁镇软禁在南宫看守，整整七年时光，只许他规规矩矩，不许他乱说乱动。

景泰帝既然软禁了哥哥，当然也不允许侄子当皇太子。还在1452年（景泰三年），皇太子朱见浚就被废为沂王。朱祁钰立自己的儿子朱见济为皇太子。没想到，人算不如天算，朱见济在第二年就夭折了，被追封为怀献太子。这段时期，没有太子了。

1456年（景泰七年）正月，朱祁钰病重不治，奄奄一息。

大臣石亨、徐有贞一看风向不对了，就密谋叛变。他们率领兵将撞开被封闭紧锁的南宫大门，把朱祁镇给迎接出来，不管三七二十一，就把朱祁镇抬到了皇帝的宝座上面，重新披上龙袍。

朱祁镇复位了！这就是明朝历史上的“夺门之变”。

既而，朱祁镇的原太子朱见浚重新被立为皇太子，并改名为朱见深。

虽然朱见深的太子之位失而复得，然而，由于幼年卷入皇位之争，他受到了很大的精神打击，竟然落下个口吃的毛病，越着急越是说不出话来。

朱祁镇重新夺回皇位，大肆封赏“夺门之变”的功臣，并且以谋逆为名，处死了忠臣兵部尚书于谦，使得曹吉祥为首的宦官逐渐得势抬头。

待到朱见深登基后，他重用李贤、彭时、商辂等贤能大臣，采取了一系列平反措施。朱见深先为于谦平反昭雪，还恢复于谦儿子的官职。另外，他以德报怨，把曾经废掉自己太子之位的叔叔朱祁钰追认为皇帝，谥曰恭仁康定景皇帝，并且为他重修陵寝，获得了朝野一片称颂，个个赞许他是一个有大智慧的君王。

经筵讲学一言不发

初开经筵，首讲老师是李贤，讲的是《大学》，而后是陈文，他讲的是《尚书·尧舜》。朱见深从小就喜欢读书，且聪慧，一点就透，不久，朱见深就可以倒背如流。

1464 年（天顺八年）八月初二，朱见深继位后的第一次讲学，和他的前辈一样，还是在文华殿进行。

这次讲的是《通鉴》。他还是和太子经筵的时候一样，规规矩矩地坐在那里听讲官们唠唠叨叨地教导，但是过了一段日子，他就有些不耐烦了。他不愿意来文华殿的理由，不是他不愿意学习新东西，而是因为他对这一套教学方式很不感兴趣。

好不容易经筵结束了，皇帝赐宴。讲官们在吃饭的时候，还在兴致勃勃地议论经筵上讲的内容。可是，皇帝在心里，却不停地绞尽脑汁寻找托词，怎么样不会再开经筵。

但是，他很难办，因为后面有太后在喋喋不休地开导，外有内阁大臣坚持经筵的锲而不舍，内有司礼监太监的奴颜婢语。他被强制学习，所有的眼睛在盯牢他，逃学是逃不掉的了。

朱见深对大臣们安排的经筵讲学，竟然没有一点兴趣了。最后，黔驴技穷，他想不出来办法，就只能够采取一言不发的方式，来消极抵抗。从现在开始，他也不愿意接见大臣们了，嫌烦。

接下来的日子，是每天的日讲。朱见深慢慢地找理由逃学。夏天还好，冬天就不好了，正在暖暖的被窝里酣睡，寅时就被人叫起来上朝。上完朝还得去文华殿听讲官们唠叨。他的心里都是气。他很狡猾，顽固地消极抵抗。随便讲官讲什么，他都保持静默，既不提问题，也不表示理解了，有时候闭着眼睛，似睡非睡，讲官爱讲什么就讲什么。

这样的日子，一转眼就到了1470年（成化六年）。有位来自福建莆田的经筵展书官，名叫陈音，官职是翰林院编修，学问很高，还很重气节。每次开经筵，按照规定的老套路，他为皇帝展书，皇帝近在咫尺，但皇帝金口不开、爱听不听的表现，他是看在眼里急在心上。

有一天，出现了灾异天象，陈音实在是忍无可忍了，就借题发挥了，上疏奏本：

养德之要，莫先于讲学；讲学之功，莫切于好问。今陛下虽日御经筵，然势分尊严，上下相隔，上虽有所疑而未尝问，下欲有所陈而不得尽。愿陛下退朝之余，择一二儒臣有学行者，引至便殿，从容赐座，有疑辄问，务使圣心涣然，如天开日皎，则以之正心，正家，正百官，正万民，而亿万载太平之业基于此矣。

抬头看看皇帝，朱见深还是老表情，不待见，经筵和日讲照样一言不发。

皇帝这个态度，讲官也没有办法，既不敢放松，又不敢放学散课。皇帝的心思，谁也猜不透。讲官们很尴尬，不知如何是好，不坚持经筵，他们失职；坚持经筵，皇帝不搭理你。他们心里觉得皇帝已经无可救药了。

没有想到，突然间有一天，朱见深令这些饱学之士们刮目相看。事情是这样的——

转眼到了 1473 年（成化九年）二月，朱见深忽然间命翰林院的史官们考订《资治通鉴纲目》。这可把儒臣们喜坏了。原来，他们讲得口吐白沫，皇帝早已经是成竹在胸了，到底是皇帝，跟一般的人不一样啊，深藏不露。

朱见深要求史官们把原来插在纲目之中的后来的儒生考证、考异全部删掉，另外附上宋朝大儒王逢的《集览》和尹起莘的《发明》。这个要求与见解，叫史官们惊呆了：这样的考订，不仅是看起来很方便，也保存了基本的参考资料。这件事，不仅翰林院的编修们叫好，皇帝本人也很得意。

翰林院很快就把新编的纲目送审。朱见深很高兴，一时兴起，还动手写了一个序言，这可叫翰林院的编修们喜出望外，皇帝的文笔功夫也是了不得的！印出来后，朱见深看到了厚厚的一叠，心中高兴，又命内阁成立一个班子，修《宋元续通鉴纲目》。

四年过去了，到了1477年（成化十三年），《宋元续通鉴纲目》修成，朱见深又作了一个序言。

1479年（成化十五年），翰林儒臣编辑《御制诗集成》凡四卷出版。

皇帝不开经筵，但是自己也用“证据”证明了他不是不学无术，而是一位才华横溢的学问大家。他下旨编书，劝人向学，给经筵老师们注入了强心剂。可是经筵老师们还是不甘心，他们抓住机会，还是做皇帝的工作，要他进一步重视经筵事宜，请他回来接受教育。不然，讲官们差不多快要失业了。

翰林院有一个编修，叫谢铎，他上了一道折子，借古讽今。他说：

> 是书（《通鉴纲目》）师法春秋，实经世之大典，帝王之龟鉴。陛下发自宸衷，重加考定，必将日御经筵。命儒臣讲论陈列，力求善恶兴亡之大者，以为劝惩。以实见于践履设施之际，以大起治道，不为文具故事，以备太平之美观也。夫宋神宗集是书而不能讲，理宗讲是书而不能用，故不免纷乱削弱而终不能复其祖宗之盛治。

这位谢铎列举了当时的种种弊端，措辞激烈，批评皇帝没有专心致志阅读《资治通鉴纲目》这样的好书，而且也没有组织大臣们认真地讨论这部书所提倡的治国安民的道理。朱见深看了以后，没有生气，也没有表扬，不理不睬，还是以往的态度，不发言，把奏疏发给有关部门就不管了。

经筵终于开讲了，他还是徐庶进曹营——一言不发。

创立西厂贻害社会

西厂是个非常典型的特务机构，这是朱见深的一项“创举”。这就要提到一个太监——汪直。

有一个叫李子龙的人，他在朝中培养了一些亲信，也很有威望。他专门研究旁门左道，制造了后宫里面出现的妖怪事件，每天晚上妖狐夜出闹事。太阳还没有落下，各个宫殿就大门紧锁，人心惶惶。1476 年（成化十二年）七月，李子龙借助宫内太监鲍石、郑忠的帮助，进入内府，登万岁山观望，图谋不轨，阴谋作乱造反，妄想篡位，被锦衣卫及时发现，将他擒拿伏法。

种种诡异迹象的出现，使朱见深非常恐慌。在李子龙事件的第二年，他命令宦官汪直在锦衣卫中间挑选缇骑，设立西缉事厂，也就是西厂。这是针对东厂而言的，地位在东厂之上，校尉人数也比东厂多一倍。西厂的权利比东厂大，专门为皇帝调查外面的大事小情，上到官僚贵族言行举止，下到黎民百姓的心声。

汪直，是历史上有名的明朝四大权阉之一，瑶族人。明代土地兼并严重，最终流民暴乱横行。先后有荆襄刘千斤起义、广西少数民族起义等。1467 年（成化三年），朱见深派襄城伯李瑾、尚书程信督师前去招讨。扫平大藤峡一战叛乱之后，俘虏了很多人，小孩子汪直就在其中。这些俘虏被带回京师后分给了各个王侯们，小太监汪直就被分配侍奉万贞儿万贵妃了。汪直从小就为人狡黠，可能是因为生平遭际，他很会看人的脸色，善长逢迎巴结，常年跟在万贵妃身边，极得万贵妃宠爱，进而也十分讨得皇帝欢心。皇帝对他信赖有加，多加提拔，他最得宠，从一个小小的太监升为七品御马监太监。

汪直人小鬼大，经常化妆，着布衣小帽，有时乘驴或骑骡子，穿梭往来在京城内外，市井之间，没有人怀疑他是贵妃与皇帝的耳目。侦查到的大政小事、街言巷语，林林总总，他都向皇帝汇报，得到了朱见深和万贵妃的信赖。

1477 年（成化十三年），宪宗皇帝命汪直在西城灵济宫前面的灰场建立西厂，由汪直提督厂事。西厂的权力非常大，自诸王府、边镇及南北河道，所在校尉罗列，特务众多。西厂人数，在当时比东厂要多出一倍。东厂的太监尚铭，也俯首听命于汪直。至此，汪直人生中最为辉煌的时刻到来了。

西厂成立的当年就连兴大狱。汪直揽政期间，独掌西厂，爪牙遍布全国，任意罗织罪名，屡兴大狱，肆意横行。厮役之流的旗尉，就可以肆意凌辱大臣，上上下下一片混乱，破坏了正常的政治秩序。他们先后逮捕了郎中武清、乐章、太医院院判蒋宗武、行人张廷纲、浙江布政使刘福、左通政方贤。明代各省的左、右布政使是从二品，品秩相当高，然而西厂却可以不经皇帝同意就擅自抄捕他们。

大学士商辂、兵部尚书项忠忍无可忍。商辂向朱见深上疏，撤销西厂。在 1477 年（成化十三年）五月，朱见深在压力之下，万般无奈暂关西厂，汪直重回御马监。

但是，撤销西厂，万贵妃不甘心，她需要这个大特务，很重视这个难得的“人才”。于是，在一个月之后，西厂再次重开，汪直依然是领导人。马上，商辂和项忠就被报复，先后被罢免。

西厂的这次恢复，直到1482年（成化十八年）汪直失宠以后才撤销。

汪直在统领西厂期间，宦官干政，嚣张跋扈。有人攻击他用刑残暴，有人说他不那么坏，很正直。有人说他结党营私，设置西厂残害忠。有人说他带兵打仗保卫了大明王朝的边境，为人大度。总之，大家对他一直褒贬不一，孰是孰非，各执一词。

史料记载，在1477年（成化十三年）二月，已故少保杨荣的曾孙、福建建宁卫指挥同知杨华和他的父亲杨泰，横行乡里，草菅人命，无恶不作，名声很臭。于是就有不畏权贵的人举报了。

杨华和杨泰消息灵通，很快就知道被人举报了，赶紧进京贿赂官员大臣。

没有想到，马上就有人报告了汪直。汪直就毫不留情将他们下狱到西厂，严刑拷问之下，他们供出了许多接受贿赂的大臣。朱见深听到了汪直的汇报，勃然大怒，就将杨氏几人和收受贿赂的大臣依法处置了。一时之间，大快人心，同时西厂“权宠赫奕，都人侧目”，威望上升。

西厂重开之后，朱见深更加重用汪直，1478年（成化十四年），就是在杨华和杨泰被处死的第二年，命汪直代天子巡查边关事务，还给了他“遇事可便宜行事”的特权。汪直的权利越来越大，皇帝对他恩宠日盛。

史料记载，汪直有军事天赋。成化一朝的北方御敌，都跟他有关。每当国家有战事，朱见深就命汪直带兵前往，这导致汪直的权力越来越大。

1478年（成化十四年），北方的建州女真部落开始屡犯边境，威胁到了明朝的统治。朱见深诏令汪直训边，汪直监管指挥九边兵马，前去征讨建州三卫，这一次作战，军队大获全胜凯旋。朱见深非常高兴，赏赐汪直加食米三十六石，后总督十二团营。

从汪直开始，明代禁军专掌于内臣。汪直的威势权倾天下，与万贵妃垄断朝纲。天下只识汪太监，只知万贵妃，不知道皇帝朱见深。

1479 年（成化十五年），鞑靼派军侵占了河套。朱见深马上令汪直监军，兵部尚书王越提督军务，保国公朱永为总兵前去御虏。汪直在这场战役中再次表现了他卓绝的军事才能，与王越率领精兵夜袭鞑靼军营，明军获大胜。

1480 年（成化十六年），鞑靼军再次骚扰边境，汪直派兵追杀，再次获得胜利。

朱见深大喜，想要给汪直论大功行赏，可是宦官无官可升，只能加食米，宪宗皇帝便给汪直一下子加了三百石，明朝规定是二十石为一个品阶，赏赐三百石可谓开创了大明王朝的记录。

1481 年（成化十七年），宪宗任命汪直为大同镇守太监，而召还京营官兵。朱见深下旨废置西厂。

1482 年（成化十八年）五月，汪直上奏，左参将卢钦、右监丞杨雄等人不能御虏，以致敌寇多次入境杀掠人畜，又隐匿不报，论法当究问，并自劾不能节制之罪。

朱见深诏命将卢钦、杨雄一起执来京师，汪直误事，暂记其罪。

此时，朝中众多官员早已对汪直的嚣张跋扈有所不满，人人自危，不知道何时灾难会降临到自己的头上，便纷纷上书弹劾汪直。

朱见深大怒，撤销西厂，把汪直发配到南京御马监种菜自食其力。不久，汪直病死。

后来的武宗皇帝朱厚照，也就是朱见深的孙子，效仿其做法，不但重建西厂，还增设了内行厂。

一项功绩三大弊政

朱见深有一个值得一说的政绩：安置荆襄流民。

荆襄地区群山环绕，地处湖广、陕西、河南交界处，在元、明时是一个“三不管”地区。每当灾荒、战乱，这一带常常聚集近百万的流民。

成化年间朱见深对流民的重视和安置，是因刘通、石龙起义而起。朝廷在镇压了农民起义之后，朱见深任命原杰来安抚流民，并设置了郧阳府，将流民用户籍的形式固定在当地，又设置了郧阳巡抚，一劳永逸地解决这一难题。

成化一朝中，弊政甚多，其中为害较大而且对明代后来的历史发生重大影响的，莫过于西厂、皇庄和传奉官三事。

第一件就是前面提到的西厂，被朱见深推到了一个新的阶段。明代特务的侦察范围，从都城遍及南北边腹各地。

明代的皇帝实际上从太祖朱元璋开始，就使用识字的宦官，并委以重任。1485 年（成化二十一年），宦官的数目已经突破了一万人，宦官所带来的财政负担对于朝廷和士大夫的威胁是次要的，真正对士大夫构成威胁的是宦官乱政。典型的，当属汪直与梁芳。他们借万贵妃修建寺庙的名义，大敛民财，一面贡献给万贵妃，一面自己揣进腰包。这就不得不提到明代成化一朝的第二大弊政——皇庄。

除了西厂，建立“皇庄”也算是朱见深的“功劳”。皇庄开了明代土地兼并的先河。

1464 年（天顺八年），朱见深没收宦官曹吉祥在顺义的田地，设为“皇庄”。其实，还是在仁宗朱高炽当皇帝的时候，就曾有仁寿宫庄、清宁未央宫庄。英宗朱祁镇为诸子设立东宫、德王、秀王庄田。而朱见深不过是把“皇庄”名正言顺了：皇庄，是包括皇帝本身、后妃、皇太子及在京诸王的庄田。皇子封地的田地，不算是皇庄。

皇庄的设立，目的都是为皇室搜集更多的钱财来满足宫中奢侈的生活。

朱见深的皇庄，遍布顺义、宝坻、丰润、新城、雄县等处。到 1489 年（弘治二年），他的儿子孝宗朱佑樘的时候，京畿内的皇庄已经有五处，面积近一万三千顷。

到了朱见深的孙子，也就是朱佑樘的独子，即武宗朱厚照时，他即位一个月内就在大兴县设皇庄七所，并陆续发展到昌平、真定、保定等地，十年内使皇庄的面积达到三万七千多顷。

上行下效，皇帝既然带头兼并土地，藩王、勋戚、宦官也请求皇帝赐土地，于是也就有了王田、官庄。据说，到 1502 年（弘治十五年），全国官田的面积达到民田的七分之一。土地兼并无疑激化了社会矛盾。例如，在京城附近的皇庄设置，就直接导致了正德年间河北霸县的刘六、刘七起义。

皇庄的管理非常混乱。一般的皇庄，都是派宦官去掌管的。

在皇庄内，土地所有权与司法权、行政权是统一的。宦官带着一群旗校兵痞，再豢养着一帮无赖打手，占土地、敛财物、污妇女，无所不为。由皇庄引发的社会问题，引起了一些官僚士大夫的注意。所以，嘉靖初年曾改称官地，但不过是换汤不换药。因此，宪宗设置皇庄与民争富，毁坏了王朝统治的经济基础。

第三件发明“传奉官”是朱见深的另外一项“功绩”。

《明史》对此的简要记载是：“二月庚子，始以内批授官。”这便是“传奉官”之始。

1464 年（天顺八年）二月，即位不到一个月的朱见深就下了一道诏令，授予一位名叫姚旺的工人为文思院副使。

“传奉官”是不经吏部，不经选拔、廷推和部议等选官过程，是由皇帝直接任命的官员。自有传奉官后，文官中竟有一字不识的，武官中竟有从来没拿过弓箭的。这一举措只是为了满足皇帝或者万贵妃敛财的愿望，却败坏了吏治。

从此，皇帝视官爵为私物。只要皇帝喜欢，传奉官随时可由皇帝直接任命。皇帝可以随意地任用官员，朱见深往往一传旨就授官百数十人，传奉官泛滥成灾。掌权的嫔妃及太监就借皇帝之名，大行私利，卖官鬻爵。

传奉官由宫中旨意直接传授，不需要经过吏部覆核。军人、僧道、工匠、画士、医官等无法通过正常渠道获得官职的佞幸之人，经常靠着结交宦官或者行贿的手段来谋得一官半职。

1487 年（成化二十三年），在万贵妃病死八个月以后，朱见深也悲伤离世。他的任期内没有大的战争，政局算比较平稳。但是，他所管理的朝政极其秽乱，弊政横生，危机四伏，为后世留下了隐患。

第六章

苦难太子的辉煌人生——朱祐樘

朱祐樘从小就饱受磨难，东躲西藏吃百家饭长大的经历让他懂得珍惜，懂得感恩，懂得宽容。

身为人子，他怀念生母，四处寻找纪氏族人，并以他的胸怀与气度宽恕了万贵妃。

身为人夫，他独宠张皇后，他是中国历史上唯一一位一生只娶一位妻子的皇帝。

身为一国之君，他从父亲手里接过的是一个朝政紊乱、国力凋敝的江山。他在位期间，励精图治，用他的勤奋和智慧力挽狂澜，成就中兴气象。

后世史家给予朱祐樘极高的评价，认为他力挽危局，勤政爱民，其功绩不亚于明太祖朱元璋、明成祖朱棣，就个人品德方面，朱祐樘更胜于这二人。

东躲西藏不幸童年

朱祐樘六岁的时候，他的生母纪氏暴亡。

纪氏是不是姓纪，也有疑问。据谈迁《国榷》记载，纪氏“广西贺县人，中军都督福斌女……弘治初内庭言本出李氏，入宫时误为纪，故遂称纪氏”。按这种说法，纪氏真实的姓是李，父亲名李福斌。不过，这些都只是弘治初年的说法。

弘治初年，孝宗朱祐樘出于对生母的怀念，曾经四处寻找纪氏的族人。利之所在，众之所趋，谣言也因此四起。然而，号称严谨的《明史》既然仍然主张朱祐樘的生母姓纪，我们姑且也认作是纪氏。

成化初年的大藤峡之战中，明朝军队俘获了许多瑶族的俘虏，年幼的太监汪直，就是在这次战争中被俘，送到后宫伺候万贵妃的。幼小的纪氏也在这次大战中被俘入宫。纪氏本是瑶族土官的女儿，聪慧过人，知书达礼，容貌出众，进宫中负责管理皇帝私房藏书。后来，朱见深来这里，看到了才貌双全的纪氏，一时兴起，纪氏就怀上了朱祐樘。

万贵妃得知以后，派宫女强迫喂纪氏堕胎的汤药，千方百计加害纪氏。该宫女心生恻隐，不忍下毒手，谎称纪氏是“病痞”。万贵妃仍不放心，将纪氏贬居冷宫。

纪氏在冷宫中生下了朱祐樘，万贵妃得知后，又派太监张敏去溺死新皇子。但张敏对万贵妃的歹毒十分看不惯，冒着性命危险，帮助纪氏将婴儿秘密藏起来，每日用米粉哺养。此外，被万贵妃排挤废掉的吴皇后也参与保护这个婴儿，以至于万贵妃曾数次搜查，都未找到。

就这样，朱祐樘在皇宫的一个偏僻的安乐堂生活了六年，一直不敢公开露面，甚至连胎发都没有剪掉。

在朱祐樘之前，宪宗朱见深曾经有过两个儿子，一个是万贵妃所生，早就死了；另一个是柏妃所生，却被万贵妃害死了。因此，宪宗朱见深一直为自己无后很烦恼。

一天早晨，大太监张敏为朱见深梳头时，朱见深看着镜子里自己的容貌渐渐地老去，胡须满面，还出现了白头发，朱见深不禁感叹：“老将至矣，无子。”

张敏突然跪下，期期艾艾地说：“圣上已有后。”

朱见深大吃一惊：“我有后了，真的吗？”

张敏小心翼翼道：“藏起来了，不敢露面。”

“快带来见！不敢？却是为何？”

张敏吞吞吐吐：“不敢言。”

朱见深惊讶：“但说无妨，朕为你做主。”

张敏就大哭起来：“万岁，奴才要说出来，就没命了。”

朱见深很诧异：“难道有人要加害你吗？”

张敏就豁出去了：“万岁，后宫嫔妃已经有了那么多人怀了龙种，可曾出生？出生的可曾活了下来？”

朱见深心里已是有数："你是说……"

张敏就说了："宫里都传言，是万贵妃给吃了堕胎药。"

朱见深大嘴一张："恕你无罪。"

张敏豁出来了："怕的是万贵妃容不得奴才了。"

朱见深催问："说呀，别怕。"

张敏一听，机会来了，就又一次跪下，诚惶诚恐伏地说："恭喜皇上，万岁已经有皇子了！"

朱见深一听，大吃一惊，几乎不相信自己的耳朵，一下子就呆了，片刻才说："朕为你做主，我有儿子了，可是真的？"

张敏趴在地上，抬起头来："千真万确！"

朱见深狂喜："列祖列宗啊，朕有后了。"他一挥手，叫张敏起来。

张敏声音带着悲愤，慨然说："这可能是奴才为皇上做的最后一件大事。"

张敏就怎么来怎么去地说出了真情。朱见深像听天方夜谭，大喜，立即命令去接皇子。

纪氏给朱祐樘穿好了红色的袍子，告诉他："长胡子的，穿黄袍的就是你父亲。"

朱祐樘看到母亲哭了，用小手，给母亲擦眼泪。

纪氏伤感地说："儿去，吾不得生。"

父子见面的场面非常感人。当朱见深第一次见到自己那因为长期幽禁在密室安乐堂，胎发尚未剪掉，长发拖至地面的瘦弱小儿，不禁泪流满面，百感交集，激动地把孩子抱在怀里，仔细端详，越看越爱，亲了又亲，抱着孩子说："是吾子，类我。"

当天朱见深喜气洋洋，召集众臣，说出了真相。次日，颁诏天下，立朱祐樘为皇太子，并封纪氏为淑妃。

万贵妃收到小报告，气得不得了，据说万贵妃在朱见深认子之后，日夜哭泣：“奴才们竟敢欺骗我！”

不久，纪氏突然死了，据一个老太监说是上吊自杀的。

再不久，大太监张敏也突然死了。据说，是因为害怕万贵妃的迫害吞金自杀。

六个月之后，朱祐樘被立为太子。

朱见深的生母周太后得知有个孙子，喜欢得不得了，她知道万贵妃容不得这个孩子，怕万贵妃再下毒手，就对宪宗说：“我就这一个孙子，别人养育，我不放心，你还是把孩子交给我照看吧！”

从此，朱祐樘就一直生活在祖母的仁寿宫中，在皇太后保护下，万贵妃就没有办法接近朱祐樘。

朱祐樘的生母死的时候，他才六岁，不平常的经历，让他早熟懂事，学会了保护自已。

有一天，内侍太监来传话：“万贵妃请太子过去吃东西。”

周太后马上着慌了，再三叮嘱孙儿说：“孙儿你去那里不要吃任何东西。”

朱祐樘跟着太监走到万贵妃的宫殿。

万贵妃笑眯眯地哄骗诱惑，给他拿各种好吃的，朱祐樘看也不看，拒绝说：“已饱。”

万贵妃一看，小孩子精着呢，动员说：“那喝点汤吧！”

朱祐樘还是不上当，说：“疑有毒。”

万贵妃非常生气地说：“这小孩子才几岁，长大了还不吃了我?”

朱祐樘行了礼，就自已跑走了，把万贵妃气得七窍生烟。

1485 年（成化二十一年），朱见深听到报告说：内库里亏空。

他对大太监梁芳、韦兴怒喝："靡费帑藏，实由汝二人！是不是啊？"

原来，汪直贪权，梁芳贪财，他们依靠万贵妃敛财的事情，朱见深全知道了。宫中会巴结打小报告的人多着呢，况且，还有东厂锦衣卫的人包打听，瞒天过海，骗过朱见深是不可能的。

梁芳、韦兴头上冒着冷汗，战战兢兢，不敢说话。

朱见深又冷笑说："我不追究你们，后人会责怪你们的。"

他也的确只是睁一只眼闭一只眼，就是提醒一下而已。想不到，他的点拨起到了反作用，差一点把他的江山接班人弄丢了。

两个人听后非常担心"后人"朱祐樘，就撺掇万贵妃把朱祐樘废了。然而，就在万贵妃马上要实施计谋的时候，泰山地区连续发生了地震。

钦天监的官员以及大臣们，大喜过望，抓住这个难得的机会，向皇帝汇报说，天有异象，山摇地动，是应在东宫太子身上，如要废掉太子，是天怒！

终于，朱祐樘长大了。

他是苦难出身，为人善良宽厚，也很孝顺。他继位后，没有加罪于迫害自己的万氏家族，也没有听从臣下的建议对万贵妃削谥议罪，仍然给予她原有的地位，但没有把她与朱见深合葬。他追谥自己生母为孝穆皇太后，并将其坟茔迁至茂陵与父亲合葬，另立奉慈殿祭祀。

出阁讲学学养深厚

朱祐樘六岁认父后，被立为太子。

他九岁时，按照祖制，太子要出阁讲学了，这可是一件大事。皇宫举行了非常庄严的仪式。

朱祐樘从九岁到十八岁太子期间和当了皇帝以后，除了极寒的风雪天以及酷热的暑天，都坚持上课，从不耽误学业。

每天的讲读，无外乎都是《论语》《大学》《中庸》《孟子》以及其他经史典籍。

九年中，朱祐樘接受的是培训皇帝的规范教育，基本功很扎实。

一般的讲学，是上午先读，下午再讲。除了读书之外，太子每天是要练字的，有专门的侍书来辅导，这位侍书的书法是极好的。在春夏秋三季，按照规定，他应该每天写一百个字，冬季每天写五十个字，可是他每次都多写多练。

1488 年（弘治元年），朱祐樘采纳大臣的建议，开设大小经筵。

这一制度是在正统初年制定的。大经筵，每月逢二、十二、廿二日举行，主要是一种礼仪；小经筵又称日讲，君臣之间不拘礼节，从容问答，是重要的辅政方式。

大小经筵制度，在他的父亲一朝时一度废置。朱祐樘开始坚持日讲，同时，又在早朝之外，另设午朝，每天两次视朝，接受百官面陈国事。

除此之外，朱祐樘在宫中也曾接受过很多人的教育，据说当时的宫中太监覃吉对他的影响很大。他九岁时，覃吉曾每天给他口授朱熹的《四书章句》，朱佑樘的记忆力很好，老师背书，他一听就能记住很多。

对此，《明史》中给予了很高的评价：“弘治之世，政治醇美，君德清明，端本正始，吉有力焉！”

在宫中和外廷的双重教育下，年轻的朱祐樘既拥有渊博的学识，又具有广泛的爱好和兴趣，诗歌、绘画与弹琴的造诣更深。

他出版了自己的诗集五卷，他有一首养生的诗《静中吟》：

习静调元养此身，此身无恙即天真。
周家八百延光祚，社稷安危在得人。

有一些言官对朱祐樘的琴棋书画不买账，纷纷上疏爱惜皇帝，请皇帝不要沉湎于声乐，认为皇帝应该以国家大事为主，把更多的精力放在修养身心方面。朱祐樘表面上接受了意见，但是，他认为这都是无稽之谈，弹琴和国家的管理没有必然的冲突。

太子老师左右时政

太子的老师，是皇帝为太子亲自筛选出来的，集中了天下的硕儒。在他们的言传身教下，善于学习的朱祐樘学习到了很多的知识，包括治理国家的能力。

著名的老师有如下数人——

彭华，江西安福人，大学士彭时之族弟。1454 年（景泰五年）会试第一。此人深沉阴险，善用小人计谋，惯于暗中批评他人的短处缺点，与当时万安、李孜省齐名，为万安一党，后入阁为吏部侍郎。

朱祐樘还有三位老师也不是等闲之辈：刘健、谢迁、李东阳。

刘健善断，谢迁善持论，而李东阳性温而多智谋。一时有

“李公谋，刘公断，谢公尤侃侃”之赞。他们的故事，一直是和朱祐樘重用的八位太监有关。朱祐樘皇帝，也与这几个人纠缠在一起，共同创造了忠臣和奸佞斗争的“弘治中兴”的历史。

刘健和彭华不同，他不仅仅学问深粹，而且正色敢言，大公无私，以身任天下之重。

朱祐樘统治的后期，由于身体不好，他对佛道产生了极大的兴趣，他希望通过佛道之术改善自己的身体状况。因此，一些奸佞之辈再次混入宫中，祸乱朝政。宦官李广就是其中之一，他巧言善辩，得到了朱祐樘的宠信。

清宁宫灾，朱祐樘以为李广家中有天书，命人搜寻，却搜出了李广贪污、受贿的账本。

李广事件让朱祐樘醒悟，他非常愤怒，感觉上当受骗。他开始了人生的最后一个勤政时期，励精图治，重新远佞臣，而重用刘大夏、戴珊等贤臣。

李广有罪自杀了，刘健与同列的李东阳、谢迁就上书皇帝说：

> 古帝王未有不遇灾而惧者，向来奸佞荧惑圣听，贿赂公行，赏罚失当，灾异之积，正此之由。今幸元恶殄丧，圣心开悟，而余慝未除，宿弊未革。伏愿奋发励精，进贤黜奸，明示赏罚，凡所当行，断在不疑，毋更因循，以贻后悔。

朱祐樘很高兴地接受了大臣的劝谏。

而李广蔡昭一党等，又骗取了圣旨，要给予李广厚葬。刘健等坚决不同意，最终只给李广墓地祠额。

朱祐樘的言官们非常厉害，南北各地的言官，不停地上书指陈时政，弹劾官员。

国子生江容，不顾一切，开始把矛头对准了刘健，弹劾刘健、李东阳杜抑言路。

但是，朱祐樘很果断，没有处置刘健、谢东阳，反而把江容打进了大狱。刘健、谢东阳二人宽容大度，力救江容得释。江容得知了真相，羞愧难当。

朱祐樘继位以后，重用了八位太监。刘健等想要铲除“八党”太监，连续上疏奏本章，请求诛之。

言官们也纷纷上疏，揭发这些太监的罪状，刘健、谢迁及李东阳的上疏尤其得力。

朱祐樘就叫司礼拟旨内阁：“朕且改矣，我要想办法宽恕赦免他们。”

刘健等言：“皇帝这样做，是得罪祖宗的，陛下绝对不能赦免他们。”

他们不停上言道：“君子不知道小人，不知而误用的事情，不能再发生。天下人知道了是小人，都会远离而去之。知而不去则小人越放肆，使君子越发的危险，现在举朝都要除去这几位小人，陛下又知道他们的罪而故留在左右，不仅仅朝臣疑惧，就是此数人亦不自安。还是这样下去，让上下相猜，中外不协，祸乱之机始此矣。”

朱祐樘不听，刘健等人苦口婆心，也不让步，坚持着。

刘瑾等八人得知消息，非常害怕，聚集在一起痛哭失声。

尚书韩文等又上疏复入，于是帝命司礼王岳等诣阁议，一日三至，欲安置刘瑾等人去南京。

谢迁不同意，说应该杀掉。

刘健也推翻了案子，大哭。说：“先帝临崩，执老臣手，付以大事。今陵土未干，使若辈败坏至此，臣死何面目见先帝!”声色俱厉。

岳素刚正疾邪，慨然曰：“阁议是。”

范亨、徐智等人亦以为然。

这天夜里，八个太监死里求生，跑到朱祐樘面前围绕着朱祐樘哭泣求情，诬告刘健等人。

朱祐樘和保卫太监从小一起长大，感情很深，听不得排斥八位太监的话。他大怒，立收岳素等人下狱。而此时，刘健等人一点都不知道，还盘算着要岳素做内应。

第二天，韩文倡九卿，伏阙固争，刘健鼓励大家坚持己见，谓曰：“事且济，公等第坚持。”

没有想到，顷刻之间，事情发生了逆转，朱祐樘变脸了，八个太监皆宥不问，无罪并且受到保护。而且，刘瑾重新掌握了司礼，替皇帝批阅奏章。

于是，刘健、谢迁欲哭无泪，只好上疏请求辞职回家。

朱祐樘也正中下怀，没有挽留他们，赐敕给车马回家，月廪、岁夫如常，刘健就无可奈何地走了。

眼中钉刘健去掉了，刘瑾还不甘心。在第二年三月，待皇帝下诏列了五十三人为奸党，其中，就以刘健为首，榜示朝堂。又过了两年，刘健被削籍为民，追夺诰命。

直到后来刘瑾被诛，刘健才官复原职，但是他没有赴任。听说皇帝数次巡游，他非常疼惜自责，叹息说道：“吾负先帝。”

1526 年（嘉靖五年），刘健死了，九十四岁。他遗表有数千言，耿耿于怀，劝皇帝正身勤学，亲贤远佞。此时执政的皇帝是明世宗朱厚熜，他得知此事，对刘健悲痛悼念，赐恤甚厚，赠太题，谥文靖。

朱祐樘还有一位老师，程敏政。

程敏政，南直隶徽州府人，后居歙县篁墩，时人称为程篁墩，是南京兵部尚书程信之子。十岁时，他以“神童”被荐入朝，由皇帝下诏，就读于翰林院。他历官左谕德，直讲东宫，学识渊博，为一时之冠。孝宗嗣位，擢少詹，直经筵，官终礼部右侍郎。

1499 年（弘治十二年），程敏征与大学士李东阳主持会考。程敏政自以为难题能考出人才，出的题非常冷僻。果然，众考生大多不知，无从下笔。仅有两份考卷答得切中题意，程敏政非常满意。这两个考生就是苏州的唐伯虎和江阴的徐经。不料，人们由此怀疑这是考试舞弊，以至程敏政、唐伯虎、徐经都进了监狱。

待到查明真相出狱后，程敏政因愤恨而死。

据说，在当时辅导太子学习读书的诸位老师中，学问最大、知识最渊博的就是他了。

弘兴之治各有评说

朱祐樘出生于冷宫，虽得到父亲朱见深的承认，但童年一直生活在万贵妃的阴影之下。他自幼目睹了后宫的尔虞我诈，亲身经历切肤之痛，也了解生活的艰难。他因此立志改革朝政，摒弃弊政，即位伊始，就斥佞用贤，勤勤恳恳，平台召见，亲自批阅奏章，做了很多的大事情，扭转了前朝混乱的朝廷局面。

鉴于宦官专权乱政的教训，朱祐樘对宦官严加管束，努力扭转朝政腐败状况。

首先，他整顿吏制驱逐奸佞，逮捕侍郎李孜省、太监梁芳，使得东厂、锦衣卫不敢无法无天、任意行事，只能奉守本职。因而，此后的几任锦衣指挥都能持法公允，用刑宽松了。

他任用贤能，重用徐溥、刘建、李东阳、谢迁、王恕、马文升等贤臣。其中王恕、怀恩、马文升等是在成化朝由于直言被贬的官吏。还有后来的刘大夏、杨一清等正直忠诚的大臣都被提拔。举朝欢庆，文武百官都感到大展身手的时候到了，从此精神抖擞，兢兢业业。

弘治一朝，名臣辈出。朱祐樘的身边，有一批忠心耿耿的大臣，为他励精图治、整顿朝纲，立下了汗马功劳。他们在“弘治中兴”发挥了较大作用。

朱祐樘锐意求治，文武百官纷纷上言，或痛陈时弊，或广进方略。马文升上疏陈列了时政十五事，包括选贤能、禁贪污、正刑狱、广储积、恤士人、节费用、抚四裔、整武备等诸多方面，朱祐樘无不大为赞赏，一一付诸实施，这对弘治时期兴利除弊起了积极的作用。

朱祐樘还虚心听取不同的意见和建议，他经常召集阁臣们至文华殿，让大家共议大臣的章奏，写出批词后，自己再批改颁发。

阁臣李东阳高兴地说：“天顺以来，三十余年间，皇帝召见大臣，都只问上一二句话，而现在却是反复询问，讨论详明，真是前所未有啊！”

朱祐樘心怀慈爱之心，对臣下宽厚平和。每天在早朝的时候，朱祐樘会亲御奉天门。大臣们言事，要从左右廊庑进入门内，面君而奏。有时候，天阴下雨，地面湿滑，有的大臣行走失仪，朱祐樘见了也从不问罪责怪，还嘘寒问暖，把大臣感动得不得了。

有一年冬天，朱祐樘夜晚坐在宫内，觉得天气寒冷，就问左右内臣："现在有外出办事在回家路途的官员吗?"

回说："有。"

朱祐樘想了想，就又说："如此凛冽且昏黑，倘廉贫之吏，归途无灯火为导，奈何?"遂传下圣旨，命令后遇在京官员夜还，不论职位高低，一律令铺军执灯传送到家。他的这一举动，一时传为体恤臣下的佳话。

1500年（弘治十三年），大学士刘健上奏说，晚朝散归后，天色已黑了，各处送来的紧急文件往往积压在内阁，来不及处理，如有四方的灾情，各边的报警等重要的事务，就有耽搁的可能。

于是，朱祐樘听取和采纳了建议，制定除了早、晚朝外，每日有两次在平台召见有关大臣议事的程序。从此出现了"平台召见"这一新的朝参方式，大臣有更多的机会协助皇帝办理政务。同时，他又重开了经筵侍讲，向群臣咨询治国之道。朱祐樘还开辟了文华殿议政，其作用是在早朝与午朝之余的时间，与内阁共同切磋治国之道，商议政事。

朱祐樘一朝吏治清明，任贤使能，勤于务政，倡导节约。他下令缩减皇宫的开支与供奉，不大兴土木，主张节约费用，减免供用物料，节省各种费用，缓解百姓的负担。

他禁止廷臣请托公事，禁止宗室、勋戚侵占民田，鱼肉百姓，侵夺民利，减免一些地方的夏税、秋税，与民生息，缓和了当时的社会矛盾和社会危机。

朱祐樘的父亲朱见深生前很奢侈，最喜欢爱穿大红细布裁制的衣服，每年要向产地松江府加派上千匹。这种纺织品，用工繁浩，产量非常少。朱祐樘当时还是太子，内侍给他送来新裁制的这种面料的太子服。他就说："用这种布缝制的衣服，抵得上几件锦锻衣服。穿它太浪费了。"遂谢而不用。他当了皇帝后，下令停止为皇宫织造此布，减少了松江府的负担。

弘治一朝，社会稳定，百姓安居乐业，经济发展迅速，政治清明。由于朱祐樘对宦官严加管束，还采取了一些发展经济、挽救危机的治国措施，缓和了社会矛盾，人口也一直在比较稳定地增长，国家赋税收入增至二千七百万石，创明中叶赋入的高峰。史称"弘治中兴"。

第七章

独生子的顽主情怀——朱厚照

朱厚照的一生极其富有戏剧性和传奇色彩。朱厚照才华横溢，追求个性解放，完全按照自己的意愿生活。他宠信宦官，嗜酒成性、沉湎“豹房”、尚兵好武、爱财爱动物，不爱读书，喜欢巡游，所行所做之事无不出格，他的故事很“精彩”！

如果他的父亲朱祐樘及早铲除教育中出现的毒草，如果朱厚照能把他的聪明才智用到治国的正道上，我们便可以对朱厚照会是一代明君保有更多想象。

出阁讲学大臣逼读

要培养一个深知稼穑艰难、勤政爱民的好皇帝，是十分困难的。皇帝的好坏以及是否合格的关键在于教育，读书使人明理。

1494 年（弘治七年）正月，兵部尚书马文升上疏说："自古以来，帝王总是把太子的教育作为首要的任务。臣闻太子很聪明，此时正好施教，以诱发其良知良能。"

他提出的想法有八条之多：

（一）选择老成醇谨，颇知诗书的宫人做保姆，教太子语言，发音要清楚正确，语汇要合于礼仪，非礼勿视，猥亵之语，不能叫太子听见；

（二）要教给太子"不忍""有仪""恭肃""分别"，从而培养仁义之心，理智之心；

（三）内廷的歌舞宴会太子不要参加；

（四）元宵节灯会，端午节的赛龙舟，也不要叫太子看到；

（五）至于佛老之教，尤其不易知晓，以防乱其心智；

（六）过了一两年之后，再命东宫如覃吉那样的老成内臣，先教习太子学习孝经，太子要掌握孝悌之道，明白上天之所以当畏，祖宗之所以当尊，百姓之所以当爱，财物之所以当惜之理；

（七）到了八岁，教太子诵诗读书，使之学习“穷理”“正心”“修已”“正人”之道；

（八）等到设立官僚之时，慎选名实相副，才德兼备，学问渊博之士充任。从此涵养德行，洞悉世事人情，辨明忠奸。

马文升发自肺腑地认为，按这样教育内外辅导其人，不愁皇太子的德行修为。

对太子教育相当热心的，还有像马文升一样尽心尽力的忠臣，比如南京的太常寺卿郑纪。

郑纪敬献了自己亲手绘制的《圣功图》，选择了历史上的“圣明储君”幼年受学以及正位以后的一百个故事，每一个故事都配有绘画，旁边还有解说的文字，就类似今天的连环画册。他希望给东宫讲学的讲官们做讲读的教材，看图说话，可以使太子容易接受。他的《圣功图》被采用了。

1498 年（弘治十一年），皇太子朱厚照“出阁讲学”的隆重仪式在文华殿正式举行。

这天，朱祐樘在文华殿门外西耳房，赐御酒珍肴，宴请三师、三少并讲读等官员。同时，还赐给宝钞不等，群臣受宠若惊。

朱祐樘站在堂上，身形瘦弱，却目光凌厉。当杀手一般的眼神扫射过来，众讲读官员立刻就感觉矮小了一截。正所谓伴君如伴虎，保不准何时太子没有教好，项上人头不保。朱祐樘就这一个儿子，单传一脉，如何修德讲学，关乎到朱家的江山以及日后的家国管理。

因此，朱祐樘对太子老师的要求是非常严格的。能被选拔入围的老师，当然都是经明行修饱读诗书之士，朱厚照的老师队伍颇为壮观。

朱厚照天生聪明，资质超群。开始的时候，非常勤奋，人人称赞。早晨中午，会准时安坐讲筵，细听讲官授书，容仪庄重，未尝随便。要是讲官退下，则必做敬礼表示。第二天，掩卷背诵。不到一个月，已经记住左右讲官的姓名，要是某位讲官这日不到，他一定会问起：某先生今日何在？当辍朝之日，有一位学士系一条花带进入，朱厚照对左右说：如果在朝班中必定会因为失仪被御史纠正了。

收到这样的汇报，朱祐樘非常高兴。他把对太子的教育，看得比自己的生命还重要。他经常亲临文华殿监督儿子上课，取太子所书写的字来看，看到有进步，每每喜形于色夸奖几句。

朱厚照聪慧绝顶，还有一肚子花花肠子，会使障眼法，蒙骗他的老爹。如果遇到朱祐樘来到讲所，他会率领宫僚，礼尚迎送，举止有度，问安用膳，恭谨无失。

朱祐樘宠爱这个独生子，他游幸到哪里，都要带着宝贝儿子，儿子喜欢什么，他就给什么。

但是，这样的状况没有几年，皇太子的学习成绩就渐渐地下降了。讲读经常停止，游戏骑射渐渐地增多。

原来，太子的老师大多都是大名鼎鼎的品学兼优的人，但也有品学不怎么好的人，如助纣为虐的焦芳之流。在大宦官刘瑾揽权的时候，附庸权贵的就有这个焦芳，这个人对朱厚照后来的生活起了重要的作用。

还有太子宫中的内侍，刘瑾、谷大用、马永成等人，起了绝对的反作用。他们不愿意让太子接近儒臣，不断地以乱七八糟的事情干扰太子的学习程序，他们引导太子旷课罢学，出去游乐骑射，放鹰逐犬养动物。

天长日久，太子罢课就习以为常了。

讲读官吴宽率领诸位官僚上疏朱祐樘，说：“皇上，东宫讲学，寒暑风雨则止，朔望令节则止，一岁不过数月，一月不过数日，而且又有推移，罢歇。讲读时时停废。”

朱祐樘不相信，刘瑾他们汇报的不是这样的状况，他非常惊讶：“真的吗？”

吴宽大胆地汇报：“内侍刘瑾、谷大用、马永成他们，引导太子旷课罢学，出去游乐骑射。”

朱祐樘不以为然，呵呵一笑：“年少贪玩。”

朝官杨廉也上疏：“太子好骑射的名声，宫外之人也逐渐知晓了。”

朱祐樘不以为然，笑了起来：“这是一件好事嘛。”

吴宽不甘心，继续说：“古人八岁，有外傅的故事，太子应该远离内侍，亲近儒臣。”

杨廉也提议，说：“请于翰林院官僚中选择少年品学兼优者，每日陪伴太子吧。”

朱祐樘不太在意，仅仅是嘉奖了吴宽。但是他对这个独生子，也是恨铁不成钢。

起初，听说儿子喜欢骑射，朱祐樘心中还有点窃喜，觉得一个治国之君，少不得也都要文武兼备，太子喜欢骑射，不仅仅是游乐，这对于管理国家也不是一件坏事情。朱祐樘的这一认识误区，纵容了朱厚照自由散漫的毛病，以致日后登基荒怠政务的严重后果。

直到朱祐樘临终托孤，他才意识到过分溺爱的后果，痛心后悔，他对顾命大臣千叮咛万嘱咐："太子年幼好逸乐。先生辈可常常请他出来读些书，辅导他做一个好人。"

1506 年（正德元年），朱厚照即位，年仅十五岁，还是个乳臭未干的少年。

当了皇帝，不同于太子时期，就要有经筵日讲了。

可是到了经筵日讲等学习课业的时候，朱厚照照样三天打鱼两天晒网，想来就来，想去就去。把侍讲大臣搞得来也不是，去也不是。他还以各种理由传旨暂免进讲课程。皇帝的学习荒废了，大臣们急在心里。

这一年的六月下暴雨，雷声惊天动地，霹雷闪电，震得宫门房柱也被摧折，甚至焚烧了几根。人们都惊慌失措，钦天监觉得天变异常，是上天震怒以此示警。

于是，朱厚照按照钦天监的建议，按照惯例下诏自省，请求臣下进谏。群臣借机领旨上书，大学士刘健、李东阳、谢迁等人相继上书言事。

礼部给事中等谏官都劝谏：

"不可单骑驱驰，轻出宫禁。"

——不听，一再出游，要走遍统治的国土。

"不可频行监局，那里全是太监。"

——不听，一辈子身边没有离开过太监宦官。

"不可鹰犬弹射不离左右。"

——不听，尚武的兴趣丝毫不减。要仿效先祖，还亲自征讨蒙古。

"内侍尽献膳食，不能不择而食。"

——不听，美食饕餮，尽管奢侈浪费，国家都是自己的，吃点喝点应该的。

“不按时上朝，有伤国体。”

——不听，我行我素。伤不伤国体，与大臣们有何相干。

“祭拜祖宗不可叫亲王代替。”

——不听，亲王也姓朱，与亲王同一个祖宗，谁代拜祭都行。皇帝忙着玩儿，没有工夫祭祖。

“起居失节，防误政事。”

——不听，普天之下，莫非王土；天下百姓，自己的子民；玩哪个女人，自己的乐趣，跟政事有何关系？

在当太子的时候，身边有大臣辅政教课，朱厚照对辅政大臣这些老头子们的管制说教，还有所忍耐克制。在登基以后，这些古板的大臣还在坚持不懈地阻拦他的行动，朱厚照心里的反感日益增加。

但他也明白，治理国家不能离开这些属下，所以他一直在妥协与反叛之间摇摆。

对于阁臣的进言，深深浅浅的，朱厚照虚应了事，而对一般臣下的进言则不理不睬，甚至加以责罚。因此，很多大臣的进言根本不起作用了。但凡是上书的，几乎都被朱厚照治罪或者开缺了。朱厚照依然就是一个玩儿，想怎么样玩就怎么样玩，玩得昏天黑地，玩得内官渐渐地占领了上层建筑。

朱寿大将军巡边平叛

1517 年（正德十二年），二十六岁的朱厚照信江彬等奸佞的蛊惑，要到北边去游玩。一大早，他青衣小帽便衣打扮，带着几个心腹，悄悄地从德胜门溜出去，出了城门就直奔昌平而去。

上朝时，大臣在得知朱厚照微服出行的消息，都急坏了，担心皇帝出意外。大学士梁储、蒋冕、毛纪等人急忙驾了马车，马不停蹄地追赶，一直追到沙河，才追上朱厚照，苦苦谏阻，把皇帝请回宫，朱厚照又回到了豹房。

过了几天，朱厚照以“小王子”蒙古军入犯边境为借口，不顾群臣的劝谏，半公开地出京北行。

快马加鞭跑了七天，朱厚照才来到居庸关下，高声大叫：“守将开门放行。”

巡关御史张钦正在居庸关视察，看见皇帝突然出现，大吃一惊，他定定神，若无其事一般厉声答复朱厚照：“尚未接到皇帝出巡的诏书，不能放行。”说完，就走了。

无奈，朱厚照要钱宁去找居庸关守将，守将说：“当值，不能擅自离岗。”

朱厚照又要钱宁把张钦叫来：“御史，皇帝到此，请开门放行。”

张钦铁面无私：“皇帝严令，擅自出关者，杀！”

朱厚照软磨硬泡，妄想出关。

恰好这时，那三位大学士也气喘吁吁地赶到了。滚鞍下马，拜见皇上。

朱厚照不听劝，非要出居庸关不可。巡关御史张钦紧闭城门，仗剑坐关门下，号令关中：“有言开关者斩！”他硬是不放朱厚照出去。

朱厚照大怒，传旨捉拿张钦。

这时京官陆续追来，江彬见群臣群情激愤，琢磨着见好就收，也劝道："陛下，算了，内外各官，纷纷奏阻，反闹得不成样子，请圣上暂时涵容，以后再作计较。"

就这样，朱厚照被大臣们"请"回了北京。前思后想，心有不甘，他派东厂刺探张钦的动静。后来，朱厚照下旨派张钦出巡白羊口，换了太监谷大用代替张钦守居庸关。

不过，朱厚照心里还是害怕张钦。一路上，他总是不停地问："御史安在?"

随行钱宁便报告这位对皇帝都不留情面的御史行踪。

朱厚照一边走一边想计策，怎么办才不会受到刁难呢：皇帝出巡是大事，不能随便进进出出。他为自己的理由想出了一条妙计，与江彬换了服装，在夜间偷出德胜门，扬鞭出关，到了宣府。

朱厚照有语言天赋，小时候学习过鞑靼语等其他民族的语言，并且了解回族风俗。在正德年间，他指导烧造了很多带有回文的瓷器。他给自己取了一个回族名字"沙吉敖烂"，还学西番麻僧教，取名为"太宝法王领占班丹"。

朱厚照下了一纸诏书：任命朱寿为"总督军务威武大将军总兵官"。

威武大将军朱寿来到宣化，他受皇帝的指派，是钦差，当然可以到皇帝需要他去的任何地方。这位极人臣的当朝第一人朱寿是谁呀？他就是皇帝朱厚照自己！皇帝设计了一个瞒天过海的身份转换。他自己加封自己，将自己变成了两个人。但此后，朱厚照一直都没有为难张钦，倒觉得很好玩。

朱厚照游完宣府后，又到大同等地游玩。

这一次，朱厚照畅通无阻，光明正大地到边外走了一圈。

当年九月，边关告急，有近五万名蒙古骑兵在山西玉林卫附近集结，战事一触即发。

朱厚照立即以威武大将军朱寿的名义，为关防调集粮草军兵备战。就在十月间，蒙古鞑靼部在小王子的带领下南下。一时间民心惶惶，朝野震惊。

朱厚照收到这一消息，顿时热血沸腾，他力排众议，亲率五万兵士，同吃同住，身先士卒。

大将军朱寿赶到前线，亲自调兵遣将，安排布防，井然有秩，很有条理，这得益于他一向研习兵法的嗜好。他的尚武长处，终于有了大展身手的机会。

二十日，明军与蒙古兵在应州附近的涧子村展开激战。大将军朱寿亲自出马，明军士气大振，蒙古骑兵大败。

二十一日，大将军朱寿亲率大军与剽悍蒙古骑兵激战。据说，打得很辛苦，战斗持续了十二个小时。然后，蒙古骑兵防线被突破，很快就全线撤退。大将军朱寿调整部署，采取守势。几天后，蒙古兵退却，他便下令追击到了朔州。可是，天起大雾，朱寿只好扫兴收兵。

在朱厚照的布置下，总兵官王勋率大同部队迎敌，他自己（朱寿）亲自指挥战斗。

不久，两兵遭遇，官军主力被一分为二。朱厚照于是亲自率领太监张永、魏彬等人，自阳和前往应州援助。第二天，小王子得知明朝皇帝到达应州，派主力部队前往攻打。朱厚照见势，亲自督促诸将抵御。敌军自度难以取胜，引兵西退。朱厚照派兵尾随，但因官军困顿，只得撤回大同。

这是朱厚照唯一一次亲临战场，大大过了一把瘾，他的战车几次陷入险境，自己差点成为蒙古人的俘虏。战后，朱厚照命王勋等人向天下报捷："武宗亲自斩杀一人。"这次胜利是以伤亡近六百多人的代价杀敌十六人，以多胜少，成为天下一大笑柄。不过此后，蒙古骑兵在短期内不敢贸然侵犯，这倒真可算是朱厚照的一大功绩。

一个月后，朱厚照对大同失去兴趣，起驾返回宣府。在那里，江彬"储存"了大量美貌女子给朱厚照，让他流连忘返。

到了冬至节那天，朱厚照仍旧在宣府不回朝，京中文武群臣只好空对宝座，穿朝服，行遥贺礼。

转年，到了1518年（正德十三年）正月初一，朱厚照依旧赖在宣府寻欢作乐，京师群臣再次行遥贺礼。

正月初六，皇帝朱厚照兼任大将军朱寿终于凯旋回京。文武百官在德胜门外举行了盛大热烈的欢迎仪式。一直等到了深夜，朱厚照才身着戎装，骑着枣红马，配剑，在大队边防军战士的簇拥下出现。

看到了英武倜傥的皇帝，有的大臣激动得流下了眼泪，他们终于又见到自己的皇帝了。

朱厚照见到自己的几位大学士后，就迫不及待讲起他的战斗故事来了。据他说，战斗异常激烈，可自己一点都不慌，指挥起来镇定自若，而且还亲自杀死了一名敌军官。那天晚上，朱厚照一直讲他的所见所闻，直到深夜才回到豹房。

没过几天，朱厚照又瞒过众臣耳目，带四名廷臣，偷偷地再次北上宣府。

南巡计划不可阻挡

1518年（正德十三年）春节刚过，朱厚照从西北回京已经安分了二十多天。他第一次北游尽兴而归，再也无法安心居住宫中。他不甘深宫大院生活，刚结束长达半年的西北游玩，又开始计划到南方巡游。

二月，七十岁的太皇太后王氏去世，噩耗传来，朱厚照被迫回京。他的提前回朝让群臣大为感动，但他不接受群臣的“奉慰礼”，并传旨准备拜祭诸皇陵，这当然只是自己出游的借口。在众大臣的坚持下，朱厚照终于答应到西角门视事，接受群臣的“奉慰礼”，并按礼制服丧，直至三月六日服除。

三月，皇帝与群臣的关系日渐僵化。官员们再也忍不住了，哪有一直在外，不理朝政的皇帝呢？从三月十三日开始，全体科道官员天天集体跪伏在皇宫门口请愿，有百余名大臣或单独或联名写信给皇帝，希望他能取消南巡的计划。

三月十七日，面对声势浩大的进谏，朱厚照未能如期启程，南巡美梦被无情击碎。因此，他恼羞成怒，大肆报复上谏之人。

朱厚照气愤地责问那些跪着的大臣：“我上次生病，到现在还没好，你们这些家伙，作为我的大臣，我的下属，有谁问过我一声？如今我要去南巡，是在履行我的职责，你们就喧嚣不已。居心何在？”

于是，朱厚照下令，命参加请愿的那一百多位大臣在皇宫外的广场上罚跪，限期定为五天。每天从早晨五点开始，到晚上结束。届时，由各衙门领回，第二天照旧。期满后，听闻发落。

第二天，首辅内阁总理大臣杨廷和出面求情未果。

第三天，大理寺寺正等十人联名为那些大臣申诉。不料皇帝越加恼火，下令将这十人直接关进直属锦衣卫的镇抚司大狱。又下令将这十人戴刑具罚跪五天。

三月二十五日，五天罚跪期满，进行发落：在午门外对这些大臣实行廷杖，每人五十杖。号哭之声，响彻殿堂，当场被打死两人。随后，又对八十人分别执行五十杖和四十杖的惩罚。

在豹房救过皇上性命的“打虎英雄”江彬亲自执行命令，此人不但会打老虎，打起大臣来那也是不含糊的。他将跪劝不去的一百四十六名官员每人赏廷杖三十下，其中十一人当场被杖毙。张英力谏未成，当着他小儿子的面被活活打死。此后，朱厚照下令不许任何人进谏，而群臣面对血溅朝廷的诤诤事实感到很寒心。

此事一出，一片哗然，内阁大学士集体引咎辞职，没有被朱厚照批准。

南方之行也因这场风波延宕了几个月之久。

四月初一，朱厚照遍祭六陵。礼毕之后，到密云一带游玩。民间听说皇帝巡游密云，以为他又来寻觅美女挟持去淫乐，纷纷躲避。原来，朱厚照在北方巡视，是祸国殃民。巨大的花费尚在其次，关键是皇帝好色，非同常人。他喜欢视察的场所不是边界，而多半是去行院里馆找妓女，或者是到有姿色妇女的臣民家中睡人家的妻女。而且，皇帝的“视察”经常是在夜里进行。

七月初六日，朱厚照想出了妙计，他发布诏书，鉴于威武大将军朱寿的战功，名正言顺地“加封朱寿为镇国公，拜太师。”“岁克俸米五千石”。朱寿位居内阁大学士之首，成了他自已手下最具武功的王公和最具权威的文官。

同时，他命内阁的大学士起草诏书，再次命令：“威武大将军朱厚照（字寿）”“出师西北巡视边靖”。就这样，七月初九，朱厚照兼镇国公兼威武大将军朱寿名正言顺第三次北巡，来到宣化，并开始在宣化为镇国公建造“镇国府”。于是，这里就成了大将军行辕兼镇国公公爵府兼太师府兼皇帝行宫。任何北京的重要奏章都必须送到这里，经过大将军兼皇帝核准后方可执行。

从八月十八日开始，朱厚照用了六个月的时间，巡视了几乎整个西北边疆，最远到达了陕西榆林卫，行程一千两百多公里。经过半年多的长途跋涉，朱厚照终于返回北京。

在整个巡视期间，这位皇帝兼大将军，始终没有乘坐为他特制的轿子和马车，而是与军士们一起全副武装悬弓配刀，同将士们一起顶风冒雪步行，打成一片，没有架子，深受士兵们爱戴。

朱厚照对朝政荒废的消息，被江西南昌的宁王朱宸濠探知，朱宸濠就效仿永乐帝朱棣，秘密叛乱。就在1519年（正德十四年）六月十四日，宁王朱宸濠杀死了朝廷命官，率众起兵。

一个月后，南京守备参赞等官才将朱宸濠反叛的事奏报到朝廷。“天赐良机!”朱厚照听到消息后，立即下令兵部诸官到左顺门集议。朱宸濠叛乱正好给了他一个南巡的机会，他想趁亲征之机游历江南。于是，他下令，由威武大将军朱寿带兵南征。建功立业正在此时啊。

朱厚照严厉地指出朱宸濠的罪状，并下令削去他的封爵和宗籍。“妄行劝阻者，必处极刑。”这回，没有大臣再敢劝谏了，南巡的计划在1519年秋终于得以实现。

1519年（正德十四年）八月二十六日，南征大军从京城出发。不料，才行军至涿州，就传来宁王朱宸濠已被活捉的消息。唉，这个王阳明，聪明一世，怎么就不懂皇帝的心思呢？叛贼已被捉，朱厚照还亲征什么？这让他非常扫兴。但是，什么也阻止不了朱厚照南巡的征途，他就当没收到这封战报，继续前进，直下江南。

八月二十九日，大学士杨廷和也知道了朱宸濠被俘一事，于是上书委婉地提出撤兵建议，想阻止朱厚照南征。朱厚照将谏言置之一旁，继续南征。

九月七日，朱厚照率大军来到临清。由于事出突然，谁都没有料到，地方官员惊慌失措。

朱厚照只说了一句："你们怎么这样对我?"便宽厚仁慈一笑了之。弄得当地官员十分感动，大呼万岁。

朱厚照北返，从临清出发，前往徐州。一路上，朱厚照经常捕鸟捕鱼赏赐臣下，而臣下则献金献帛向朱厚照表示谢意。周瑜打黄盖，各自愿意。

江彬也不闲着，他不时假传旨意征钱征物。江彬在朱厚照从临清起行后，就告发钱宁与朱宸濠勾结谋反，财富上和刘谨不相上下的事情。朱厚照大怒，下令将留守在临清的钱宁抓住，又派人将其在京城的妻妾儿女等抓获，关押到监牢之中，并将其家抄没。

宠钱宁，杀钱宁，朱厚照差不多都是一句话，就把钱宁和其属下给摆平了。

十二月一日，朱厚照来到繁华的历史名城扬州。

就在这前后，老百姓听说皇帝来了，扬州城里就发生了以下三种故事：抢着在最短的时间里把女儿嫁出去；在街上拉个单身男人就回家和女儿成亲；找不到主的，就先把女儿许配给长工再说。

随后，又传言四起，说皇帝其实真正喜欢的是有夫之妇、寡妇和孕妇。于是，扬州城里大乱，妇道人家四处逃难，挡都挡不住。

扬州知府蒋瑶没有办法，去找为皇帝征召妇女的督办太监吴经。吴经仗势欺人，对着蒋瑶就是破口大骂。蒋瑶被骂急了，也和吴经对骂起来。吴经大怒，把这位知府轰了出去。

而后，吴经派人按照户籍，明查暗访，记录在案。晚上就挨家去抓。据说，成效极为显著，记录在册的无一漏网。所有被抓的女子被圈在一起，供皇帝享用。一时间，扬州城里仿佛成了山大王的营寨。

朱厚照在到达扬州后的第二天，他就率领数人骑马打猎去了。从此，他天天出去打猎，上瘾了。大臣们进谏无效，便请刘美人出面，可算是劝住了这个好玩成性的皇帝。

后来，朱厚照亲自前往妓院检阅扬州妓女，看完表演后，他便忙着与妓女们厮混，没有参加官员们给他准备的宴会。可是，百忙之中，他却没有忘记宴会的事，他下令将酒宴的费用折合成银子交给他，原因是他没有参加这次宴席。不过，朱厚照并没有真的拿银子，等官员们交银子的时候，他恶作剧般说自己不缺银子花，要官员们拿回去了。

1520 年（正德十五年）二月初六，张永押解朱宸濠等到南京江口，献俘报命。可是，朱厚照继续留在南京一带游玩。一直到八月，乐不思蜀的朱厚照视十万火急的奏报为儿戏，继续在南方巡幸。不久，民间传言朱宸濠的反叛事情有变故，朱厚照开始疑心。而刘美人也力劝朱厚照，朱厚照才开始有回京的打算，但迟迟不肯起驾。

终于，在这年闰八月初七，朱厚照决定回京。

尽管决定回京，可朱厚照一路游山玩水，缓慢前行，这支回京的队伍里，数他最不着急。就在九月十五日，朱厚照经过清江浦，想当渔夫的兴致上来了，他亲自驾舟捕鱼，没成想，掉水里去了。朱厚照不识水性，虽然被一众随从救上船，但从此就病下了。

十一月二十九日，叛乱平息一年多了，王阳明终于领会了朱厚照的深意，他重新改写平叛报告，王阳明、伍文定等人的功劳全被掩盖，加进了威武大将军朱寿主持平叛的大功劳。很快，朱厚照就回京了。

富有戏剧性的传奇人生

朱厚照的一生极其富有戏剧性和传奇色彩。他才华横溢，精通佛学和伊斯兰教，会梵文、鞑靼语、波斯语，还能礼贤下士，亲自到大臣家中探望病情，甚至痴情于艺妓。

他的一生，为所欲为，完全按照自己的意愿生活。

他跟随太监们到民间去玩，朱厚照看到了老百姓的市井生活，很羡慕。他想起了历史上的列肆于后宫的故事，就下令在宫中，仿设市肆。一时间，宫内商铺林立，酒旗飘扬，宫人们身穿百姓服装，扮成商人杂役，广置货物。也有身穿商贾服装的，人们在市场上来来往往，争争讲讲，有买有卖喧闹非常。

他开设固定的长期的皇店，建立了宝和六店储宫中财物。六店分别是，一宝和、二和远、三顺宁、四福德、五福吉、六宝延。

他经常到六店与宦官店主贸易，朱厚照扮成富商，身着商人衣，头戴瓜拉帽，自宝和至宝延，混在买卖人之间，一会买，一会卖，拿着账本算盘，兴致勃勃跟宫人讲价钱买卖东西，与店主大声讨价还价，宦官店主也毫不谦让。他还与众商家谈价钱，谈商机。在这不经意的一买一卖中，他不仅赚钱，而且也学习到经商的实践经验。后来别立市正，负责调解纠纷。

买卖完之后，朱厚照则拥至廊下家。他搞了一个“廊下家”酒肆，在市场里面玩耍。宫女与外间的勾栏女艺人扮作酒妇，或弹弄筝、琴、琵琶，声音嘈杂，极为热闹。

朱厚照坐在酒店里饮酒，只见各种打扮的人进进出出。一杯茶的工夫，他溜达到了廊下，遍睹跳猿、骗马、斗鸡、逐犬各种游戏。他累了住店歇脚，渴了进酒肆饮酒，要美女的时候就逛怡红院。市场中所有的行当，都是为了他一个人开办的。

朱厚照喜欢男风，最出名的就是钱宁和江彬。

钱宁，不知道其姓，本是云南穷苦家子弟。太监钱能在云南任监军时，少年钱宁被卖给钱太监当家奴，故而姓“钱”，但不是太监，有家口。钱宁性情狡诘猾巧，是一位武术高手，他特会巴结大太监刘瑾，所以被推荐到武宗身边当侍卫。由于有“开左右弓”射箭的绝技，深得尚武的朱厚照的喜欢。朱厚照走到哪里都带钱宁当贴身的侍卫。

1514 年（正德八年）年底，朱厚照下诏钱宁掌管锦衣卫，赐他国姓——朱姓。钱宁权倾一时，自称“皇庶子”，俨然以皇帝儿子自居。豹房新宅的建设，钱宁出力甚多。到了早朝的时候，百官候朝久不得见，只要看到钱宁出来了，就知道皇帝也快出来了。钱宁在刘瑾死后，取代了刘瑾的地位，成了豹房的总管。

江彬，原本是名边将，骁勇异常。在镇压刘六、刘七起义时，身中三箭，其中一箭射中面门，但他毫无惧意，拔之再战。因他有军功，后来觐见皇帝时，他在朱厚照面前大谈兵法，深合朱厚照的心意，后来被留在身边。江彬得到了朱厚照的完全宠爱，至死未衰。江彬也因为想方设法帮助皇帝玩乐胡闹，成了正德后期的大奸臣之一。

然而，朱厚照的政绩还是比较突出的。在他的执政期，为其执掌行政大权的是内阁和宦官，这水火不容的两大阵营居然能够在同一个屋檐下共事，而且还工作得很有成效。这本身就说明了朱厚照暗操国家政权的能力。

1521 年（正德十六年）三月十四，回到北京的朱厚照因落水后一直身体不好，这天他还强撑着在南郊主持大祀礼。下拜天地时，他忽然口吐鲜血，瘫倒在地，再也爬不起来了。到三月时，朱厚照已经处于弥留状态。不久，他就在豹房驾崩了，时年三十一岁，天字第一号顽主就此谢幕。因朱厚照无子嗣，张太后（朱厚照的母亲）和内阁首辅杨廷和决定，由近支的皇室、朱厚照的堂弟朱厚熜继承皇位。

第八章

三十年不朝隐深宫——朱翊钧

万历年间是中国历史发展的一个特殊时期，在朱翊钧执政期间，中国出现了资本主义生产关系的萌芽，全国的经济总量达到了中国古代的巅峰。

然而，由于朱翊钧与文官群体在“立储之争”观念上的对抗，其执政懈怠近三十年，导致阶级矛盾加剧，政治日益腐败，女真趁虚兴起，因而种下了明朝灭亡的祸根。

黄仁宇在《万历十五年》中这样总结：“1587年，是为万历十五年，岁次丁亥，表面上似乎是四海升平，无事可记，实际上我们的大明帝国却已经走到了它发展的尽头。”

皇太后教子传孝道

1568年（隆庆二年），朱翊钧被立为太子时刚六岁。小小年纪，不但绝顶聪明，而且为人至孝。他的父亲朱载垕一生不受宠爱，也未得过太子的名分，而朱翊钧却轻而易举地得到了。

这年的冬天，隆庆皇帝朱载垕为太子举行了册封典礼。

礼成，朱翊钧的母亲高兴极了。

朱翊钧有两位贤良的母亲：一位是父亲隆庆皇帝的皇后陈氏，另一位是亲生母亲李彩凤。

1558年（嘉靖三十七年）九月，才貌出群的陈氏在海选中被选为裕王朱载垕继妃。1567年（隆庆元年）三月，陈氏被册立为皇后。她的父亲陈景行因此被提拔为城兵马指挥司指挥，后改授锦衣卫副千户，封固安伯。陈景行一向注意礼仪，恭敬谨慎，低调做人，每逢宫里有遣祀、册封诸典礼，他事前一定要进行斋式。陈氏的品德跟她接受的家庭教育分不开，她也是一辈子讲究谦让，不争不闹。

本来，朱载垕不是长子，也不受宠，就安心当裕王。谁知，他的两个哥哥先后都死了，嘉靖皇帝朱厚熜崩后，论次序，朱载垕登基了。三十岁才坐上皇位的朱载垕开始沉湎酒色，尽情享受。陈氏善意劝谏他约束，朱载垕不但不听，反而责令陈皇后从坤宁宫迁居，把她赶到了冷宫居住，慢怠衣食，皇后的待遇给取消了。陈皇后被打进了冷宫，羞愤交加，抑郁成疾而大病不起。直到朱载垕驾崩，陈皇后也没有回到中宫。

朱翊钧的生母李彩凤，本是裕王府的使唤丫头，因长相妩媚动人，就被裕王看中，收在房中。

1562 年（嘉靖四十一年），十七岁的李彩凤生下了朱翊钧，即后来的万历皇帝。两年后，她又为裕王生下第二个儿子，即后来的潞王朱翊镠。命运就是这样的巧，李彩凤三年生了两个儿子，立刻由一个卑微的宫女，晋升为才人，有了名分。

裕王登基成为隆庆皇帝后，陈氏被晋封为皇后，住坤宁宫；李彩凤则被晋封为皇贵妃，居慈宁宫。

李彩凤虽然母以子贵，但生性淳朴善良，她对陈皇后恭敬友好，给朱翊钧做了榜样，朱翊钧身上很多的好德行，就是向母亲学习来的。李彩凤教育的不仅仅是学问，而且是为人之道，她对万历皇帝朱翊钧有极大的影响。

李彩凤对儿子的学习和生活要求非常严格，如果不好好读书就要长时间罚跪。即使朱翊钧做了皇帝以后，她也不放松。

1581 年（万历九年），李彩凤为女儿寿阳公主选驸马，三位候选人，有两位仪表堂堂，举止高贵，而她却选定了穿着朴素的侯拱宸，还说："此子浑朴不雕，真我家儿也。"决定一出，举朝哗然，无人不对太后的决定敬佩有加。

然而，正当朱翊钧一心一意用功学习的时候，他的父亲隆庆皇帝朱载垕却因地位和环境的变化，开始不思图治，追求享乐生活了。他把国家大事全部推给时任首辅的高拱等内阁大臣，自己却纵情色欲，不听臣下劝谏。

隆庆皇帝龙驭归天后，九岁的皇太子穿着丧服接见了臣僚，走进了极建殿。按照传统的“劝进”程式，走程序，推辞和接受的过程，全部官员以最恳切的辞藻请求皇太子即皇帝位。

“请求太子登基。”群臣纷纷吵嚷。

太子按照母亲的教导，说：“父皇刚刚驾崩，哀恸难已，不可。”张居正劝进：“朝廷不可一日无君，请太子继位。”

太子回头看了看坐在帘子后面的母亲，看到母亲的环佩步摇在动，就说：“为人之子，不可以不讲孝道，没有心情去想皇位。”

大太监冯保上前，继续劝说：“太子纯孝，天下人皆知，请太子以社稷为重。”

装模作样两次的请求，都被皇太子装模作样拒绝了。

到第三次，太子才如所请，幼帝登上了皇帝的宝座。朝廷进入了“主少国疑”的非常时期。李太后本居慈宁宫，因要照看小皇帝的起居需要，便徙居乾清宫，垂帘听政。

李彩凤与辅政大臣教育朱翊钧，一切都按照各种礼仪照章办理。在同样庄严的仪式下，朱翊钧授予他的兄弟叔侄辈中的一些人以“王”的称号，封他们的妻子为“王妃”，批准他们子女的婚姻。

对于儿子，李彩凤一心想让他成为一个有为之君，“教帝颇严”。每月逢三、六、九日，皇帝上朝的日子，李彩凤五更就来到朱翊钧的寝处，叫：“皇帝快起来，今日上朝。”

然后命宦官们：“左右架起来。”

太监们扶着神宗的两腋，强迫朱翊钧坐起来，睡眼惺忪的小皇帝被穿衣下床。洗了脸，不待小皇帝醒过神来，宦官们已经扶着他出门登车，快速驶向前面大殿。

此时东方还未破晓，小皇帝来到大殿，百官已经黑压压地站好了。李彩凤在帘后坐定，小皇帝强打着精神，端坐在御座上。

上朝的官员请示问题时，小皇帝便按照母亲的指导，把事先写好的话，拿出来回答大臣。在他宽大的袖袍里，揣着辅政大臣事先写好的纸片。

不上朝的时候，朱翊钧每早要在日出时，前往文华殿，听儒臣讲读经书。

少憩片时，再御经筵，再读史书。

至午膳时才回到内廷。

每次为神宗讲课的老师来后，李彩凤便让朱翊钧复述上次课程的内容，然后坐下来一起听老师讲课。每当万历小皇帝有倦怠不想读书，李彩凤就命令皇帝跪在地上。

李彩凤因生育朱翊钧，由一名宫女升为贵妃、太后，作为女人，她很不容易。对儿子的前途，她寄予了极大的希望，她要努力把儿子培养成圣君明主，对儿子大大小小的犯错，她一点都不容忍。

1580 年（万历八年）十一月，十八岁的朱翊钧在西城歌宴，喝高了，失态，顽童的嘴脸毕露。他命内侍宫女唱新歌。宫女不会唱：“万岁，不能够。”

小皇帝大怒：“狗奴才竟敢抗旨！”抽出身边的佩剑就奔过来刺，“朕要杀了你们！”

“救命，皇上饶命！”宫女吓得扑通一声，瘫软在地。

就要刺中，危急关头，大太监冯保急忙跑过来，一把拽住：

“陛下，不可以。”

“朕是皇帝，杀个贱婢有何不可!”朱翊钧要杀人了。

冯保好言相劝:“贱婢也是人，不能无罪杀人。”

“她们不会唱歌，违抗朕的命令，就是大罪。”

冯保劝解释道：“还记得曹操断发的故事吗？这样，陛下不如效仿前朝帝王，可以割断她们的头发，处罚一下，消了气。”

小皇帝一听，也很好玩，玩耍般地把宫女的头饰扔掉，割了头发，算是“斩首”了。

小皇帝被架走了，两个宫女对冯保千恩万谢，之后抱头大哭，捡回了一条命。

马上，冯保把这件事告诉了皇太后李彩凤。李彩凤非常生气，先传话张居正准备谏疏，命令给朱翊钧起草罪己诏，又召见朱翊钧，令其长跪，历数朱翊钧的过错：“天下大器，岂独尔可承耶?”

小皇帝吓得涕泗横流:“请母后皇太后原谅。”

李彩凤怒道:“还敢造次吗?”

朱翊钧屁滚尿流：“儿臣会改正错误。母后皇太后饶过儿臣吧。”

李彩凤不理睬，朱翊钧就老老实实跪在地上。最后，还是冯保求情，李彩凤才允许朱翊钧回宫。

还有一次，朱翊钧在太监孙海的引导下，被灌得酩酊大醉，又一次控制不住自己，原形毕露，动手把冯保的两名养子打伤了。趁着醉酒仗脸，他索性一不做二不休，乘胜追击，骑马直奔冯保的住所，吵吵嚷嚷地要去打死冯保。

小太监惊慌失措跑进了大门，报告冯保。冯保一听，急令小太监们齐心合力，抱起巨石顶住了大门，胡闹的小皇帝没有砸开大门，悻悻地回去了，而经过一番折腾，酒也醒了。

第二天一早，惊魂未定的冯保，将此事禀告太后李彩凤。

李彩凤一听，勃然大怒，这还得了！立即换上青布衣服，素面朝天，命召阁、部大臣，要谒告太庙，将万历小皇帝废了，另立皇帝潞王。

小皇帝听到报告，大惊失色，吓坏了，赶紧跑去慈宁宫请罪，嚎啕大哭："母后皇太后，孩儿再也不敢了。"

太后说："酒后无德，天下大器，难道就是你可以继承的吗?"

朱翊钧哭道："放过孩儿吧，都是孙海叫儿臣喝酒惹的祸。"他把过错都推到了内侍太监的身上。

李彩凤怒不可遏："他们定是有过错，也轻饶不得。皇上自己的过错还要小太监承担吗?"

朱翊钧一听，不能侥幸饶过，就爬过来，拉着母亲的裙裾，大哭告饶："母亲，太后啊，儿臣知错了。"

李彩凤横眉冷目："无道昏君，你弟弟潞王有德，可做帝王。"

朱翊钧吓坏了，跪在地上哭了多时，皇太后才肯宽恕。

朱翊钧奉母尽孝道

朱翊钧的命运比起历史上许多不幸的小皇帝要好得多，他是有妈的孩子。朱翊钧自幼就害怕管教严厉的母亲，也养成了他的孝心。直到朱翊钧大婚，太后让权，朱翊钧才敢为所欲为。

朱翊钧在当太子时，每天早晨过奉先殿，皇宫内祭祖之所，在拜见过父母之后，朱翊钧都随母亲李贵妃去陈皇后的别宫请安闲聊。两宫恭敬有礼，融洽和睦，陈皇后也十分高兴，视朱翊钧为亲生儿子。

陈氏每次听见太子跑路的鞋声，就非常高兴，正是她期盼的太子来了。即便身体很不舒服，她也会兴奋地爬起来。陈皇后对朱翊钧疼爱有加，朱翊钧对这位非亲生母亲也十分孝敬。太子会给太后带来好吃的，好玩的，还有好药。

皇后与李彩凤呕心沥血地教授未来的小皇帝。每次皇后拿经书考问他，检查作业，朱翊钧总是对答如流，皇后的宫殿充满了欢声笑语，太子的一切举动，都是为皇后治病的良药。

父亲朱载垕崩了，朱翊钧将嫡母陈皇后、亲母李贵妃皆尊为皇太后，对两人更加孝敬，礼数周到。

鉴于祖父朱厚熜不孝，以宫廷逼仄的理由，勒令孝宗朱祐樘的张皇后迁居于宫城幽僻之地的教训，朱翊钧在母亲的教育下，对待两宫皇太后的态度对比祖父有显然的不同。

朱翊钧一心要当孝子。他当了皇帝，尊崇自己的生母李氏为慈圣皇太后，对陈太后也更加恭敬，称为嫡母仁圣皇太后，备极孝心。

朱翊钧下令修装两宫太后所居住的宫室。竣工之后，李彩凤请学士写了一篇文章，赞赏皇帝的纯孝。朱翊钧接受的时候，下跪诵读。这篇文章天下传诵，人人讲求孝道。

为了孝敬两宫太后，朱翊钧特在宫中设立了四斋，养了三百名专业的宦官艺人，排练传奇戏，在玉熙宫中演出，用宫内的傀儡戏来讨取两宫皇太后的欢心。有时候，他会召宫外的戏班子进宫献艺，每次表演，都会高高兴兴地请太后来看新奇的玩意儿。在太后下轿之前，他跪在庭前恭候銮驾。

宫廷戏班，是由一色的宦官组成的，全部都是钟鼓司的太监。演出的剧目多是金元时期流传下来的院本，《牡丹亭》《西厢记》《荆钗记》之类的元曲昆曲。一般皇太后点戏，也就只演一部戏的几回几出而已，很少是整场演出。李彩凤借机规定，秋收时节，钟鼓司要演出打稻戏，以使皇帝知稼穑之艰。每年秋天，朱翊钧一定要到旋磨台无逸殿，陪着两宫皇太后观看打稻戏。打稻戏表现的是村庄和稻田的场景，演的是农夫、村妇收割打稻，管田官吏前来征租，纳租时双方发生口角的故事。

除了打稻戏以外，为帮助皇帝在九重深宫中了知世态百相、博闻广识以顺天恤民，皇太后还经常点一部重要的戏剧——过锦戏。“过”是指一一登场。“锦”是指各色人物、事物的典型。明宫的过锦戏约有一百来回，每回上场七余人，各有引旗一对，锣鼓送上。戏中扮演的各色人物极多，包括少女、妇人、平常男子、市井工匠、流氓无赖等，用故事情节展示他们的生活和冲突，备极世间骗局百态，大概就像现在的电视连续剧。同时，过锦戏又一定要有杂耍、百戏，结尾时极尽滑稽，使太后与宫人们在笑声中收场尽兴。

1578 年（万历六年），朱翊钧大婚，亲政，李太后结束临朝。

在重返慈宁宫前，她对重臣张居正嘱咐：“我不能早晚看着皇帝了，他年龄尚小，恐怕他不像以前那样自学、勤政，负了先帝的付托。你身为要臣，又受先帝之托，应早晚进谏，尽到先帝顾托的责任。”

得到李太后的信任，张居正感动得涕泪横流。

在万历帝登基的第一个月里，李彩凤做了两件事：第一，撤换司礼监掌印太监，将孟冲换成了冯保；第二，撤换内阁首辅，将高拱换成张居正。从此，李太后内依靠司礼监掌印太监冯保，外依靠内阁首辅张居正，推动了明朝中兴的“万历新政”，使本已气息奄奄、病入膏肓的明王朝迅速恢复了生气。李彩凤在客观上使得张居正有充分的权力，大刀阔斧地对朝政进行改革，促成了新政的推行。正如史书所说：万历初年的政治，委任张居正，综覆名实，几乎达到富强，李太后的功劳居多。

李太后自己放手任用张居正管理年幼的皇帝，还常以张居正来吓孩子，并威胁说：“假若张先生知道了，怎么办?”

朱翊钧因此很怕张居正，心里种下了强烈的逆反种子。

由于李彩凤的严格管教，太子太师张居正等臣的尽心辅导，以及他本人的努力，朱翊钧的学业进步很快。

李太后向来办事严明，对朝中和家中都要求很严，是一个很坚持原则的人。

户科给事姜应麟上疏请求册立朱常洛为太子，受到朱翊钧的谪遣，李太后听到此事后震怒。这一天，朱翊钧到慈宁宫请安，李太后满脸寒霜，问他：“你为什么不把长子朱常洛立为太子?”

朱翊钧漫不经心地回答：“因为他是都人（宫女）的儿子。”

李太后柳眉上挑，勃然大怒：“你也是都人的儿子!”

朱翊钧恍然大悟，一下子想到自己的母亲就是宫女出身，自知失言，双膝一软，当即跪地，给李太后赔不是：“母后，儿臣知错了。”但是，他心里是极其不服气的，他宠爱郑贵妃，喜欢郑贵妃为他生的儿子朱常洵。

这件事对朱翊钧的刺激很大，到后来，由于大臣、太后都反对立郑贵妃生的儿子，朱翊钧只得无奈地册立了朱常洛。为此，他用近三十年不上朝、不搭理大臣的实际行动，进行坚决抗议。

多年之后，尽管万历皇帝临朝的频率越来越低，但每年十一月慈圣皇太后李彩凤的生辰，他还是会亲临皇极门接受百官的庆贺。

皇太子的“小人书”——《帝鉴图说》

张居正任内阁首辅大臣时，一面主持朝廷各项政务，一面做小皇帝朱翊钧的老师。

张居正给朱翊钧当了十六年的老师。他为皇帝安排了详尽的视朝和讲读的日程表，用人之道，生活小节，张居正都细细地与皇帝说。张居正主持大臣们编写了《世宗御笔》等教材，最著名的就是《帝鉴图说》。

朱翊钧六岁时学习的是《三字经》，出阁学习的是《四书》，以及学习《资治通鉴》中的重要段落《通鉴节要》。

朱翊钧每天都在文华殿由讲官讲授读书。深奥的《四书》《通鉴》虽有经验丰富的讲官老师讲解，但朱翊钧这么小的孩子根本就听不懂，一到这样的课程，朱翊钧便昏昏欲睡。

于是，张居正与礼部尚书兼武英殿大学士吕调阳和马自强大学士商议，怎么样把皇帝培养好，怎么样让太子有兴趣，教学有成绩，可以速成。他们“期以精诚悟主，往往援引经传，列古义以规时政”。可是，大家想破了脑子也没有合适的办法，各自散去。

朱翊钧的另外一位老师是吕调阳，《帝鉴图说》的主编之一。

1574 年（万历二年），内阁中只有张居正和吕调阳，第二年增加了张四维，第四年增加了马自强和申时行。万历五年八月修成《明世宗实录》，修书主编之一的吕调阳所冠头衔为：“光禄大夫柱国少保兼太子太傅吏部尚书武英殿大学士。”《实录》修成后，晋少傅。次年二月，又晋为建极殿大学士。去世后，赠官太保，谥号为“文简”。因此，张居正作吕公墓志铭所冠的头衔为“光禄大夫柱国少傅兼太子太傅吏部尚书建极殿大学士赠太保谥文简”。

朱翊钧还有一位老师叫马自强，《帝鉴图说》的主编之一。

在朱翊钧做皇太子时，马自强担任讲官，他的课陈述明白、深切，受到皇上器重。

朱翊钧登基的时候，马自强已经调任詹事府，负责教导翰林院的庶吉士。不久，又提升为礼部右侍郎，担当皇帝的日讲官，以左侍郎身份负责詹事府，像以前一样负责讲授。

马自强的继母去世，丁忧期满，朱翊钧诏令他，归任原职协助负责詹事府诸事，又升任吏部左侍郎，仍然负责经筵。刚两个月，朝廷又推举他任礼部尚书。

皇帝派遣使者询问张居正尚书，马自强是否可以兼任讲官，张居正回答，事务繁多不得兼任。于是任用他为尚书，罢除日讲，担当经筵讲官。

1578 年（万历六年）三月，张居正准备回乡安葬父亲。思虑在乡里休息的内阁大臣，高拱与自己有很深的嫌隙，殷士儋有冯保做内援，有可能乘隙复出，只有徐阶年老容易结交，打算举荐他代替自己。已经派遣使者报告了徐阶，又思虑徐阶为前辈，自己还朝，应位居其下，于是奏请增设内阁大臣。

皇帝当即指令张居正推举，张居正就推荐了马自强以及所厚爱的申时行。

于是，皇帝诏令加封马自强为太子太保兼任文渊阁大学士，与申时行一起参与机要事务。

还是在1572年（隆庆六年）的时候，一天，马自强走在路上，忽然间看到了几个小孩围拢在一起在看什么东西。既然是孩子，那会有什么孩子觉得好玩的呢？想到了朱翊钧的事情，他下轿过去凑热闹。原来，孩子们叽叽喳喳地在看一本有图的书——看图说话！看罢，马自强非常兴奋。

马自强急匆匆跑去向张居正报告了这件事。

张居正和吕调阳一听，茅塞顿开，马上商量写书画图的事情。张居正认为，应该为小太子编撰一本小人书。“采摭前代君人治迹”，“视其善者，取以为师”，“视其恶者，用以为戒”。

最终，取唐太宗“以铜为鉴，可以正衣冠；以古为鉴，可以知兴替”之语，名曰《帝鉴图说》。

翰林院的翰林们忙碌起来，又写又画，很快，隆庆六年当年就书成。

十岁的朱翊钧拿着这本图文并茂的书，马上兴致勃勃地从头看到尾，爱不释手，根本就不用讲官熬心费力地讲解，当时就吩咐史官，要把这件事载入史册，“以昭我君臣交修之义”。李太后也非常高兴，还奖励了几位大臣。

朱翊钧把此书置之座右，随时翻阅，经常于日讲之毕，命张居正为其解说，对于有些感兴趣的问题，通过一问一答的形式，提高了学习能力。

1575年（万历三年），朱翊钧就汉光武帝刘秀因阳湖公主一事“赏强项令”董宣的事时，很感慨地对张居正说：“彼公主也，尚不能私一奴，如此外戚家，何可不守法令。”

《帝鉴图说》一书，由于可读性强，对幼年朱翊钧的教育工作发挥了一定的作用。

张居正死后遭夺情

元宵节到了，按照惯例，宫中应该办灯会，还要放烟火。小皇帝朱翊钧心急火燎地耐不住性子，早就盼望看彩灯了。

张居正就好言劝说，哄着小孩子："将灯挂一些在殿上，也非常好看。如果搭建灯棚，就要浪费很多银子。以后皇上要大婚、潞王要出阁，这些都是大事，办大事都要花很多银子的，节省一点好吗？"

小皇帝想一想，就说："朕极知民穷，按先生的话办吧。"

朱翊钧对于张居正，从来都称"先生"，所下的诏令，凡提及张居正时，都写"元辅"。非常尊敬，如同亚父。

1574 年（万历二年）一天中午，讲读结束，大臣们都去旁边的房子里吃中午饭，张居正肚子疼的老毛病又发作了。小皇帝朱翊钧到厨房亲手做了一碗面，端到了张居正面前。张居正不吃，小皇帝就叫次辅大臣吕调阳过来，陪着张居正一起吃，把张居正感动得眼泪哗哗地流。可见君臣的感情非常深厚。他听说张居正的父母都还健在，还经常赐给两位老人奖赏。

万历朝的前十年，在小皇帝的支持下，张居正在政治上、经济上进行大刀阔斧的改革，政府面貌焕然一新，国库财富增加，经济状况也大为改善。

从 1581 年（万历九年）七月起，张居正因国事劳累心力交瘁而一病不起。虽然屡经名医医治，但他"精力已竭"，"不过行尸走肉耳"！第二年的六月二十日，张居正再也熬不过去，终于一命呜呼，享年五十七岁。

张居正病逝，万历皇帝朱翊钧悲痛欲绝，为张居正辍朝一天哀悼，赠上柱国，谥“文忠”，荫一子为尚宝司丞，赏丧银五百两，给予足够的荣耀。

但是，谁都没有想到，这种荣耀突然间，在两年之后的万历十二年，即公元1584年八月，发生了惊变。

在张居正病逝两年之后，朱翊钧亲政，他推翻张居正新政，下令对张居正进行抄家！并削尽其宫秩，夺去生前所赐玺书，以及四代诰命，以罪状示天下，还差点开棺戮尸。

张居正在位时所用一批官员有的削职，有的弃市；张居正的改革措施全部作废，一夜回到十年前。一代名相，落得如此可悲的下场，令人扼腕叹息。张居正恐怕生前绝对不能想到，他死后竟然会遭到自己一手教导和扶持的万历皇帝如此无情清算和惩处！这时，连慈圣皇太后都没有为张居正说话，更不用说别人了。整个万历一朝，没有人敢为张居正喊冤。

张居正改革政治有功，但张居正独握大权十年，没有给皇帝足够的自信，威权震主，在朱翊钧的心里便是一种蔑视主上的表现了。朱翊钧态度突然间大变，是他长久处于张居正高压控制下日积月累之后的强烈发泄。卸磨杀驴，这是历朝历代帝王的逻辑，朱翊钧自然也不例外。

1584年（万历十二年）八月，朱翊钧在都察院参劾张居正的奏疏中批示道：

> 张居正诬蔑亲藩，侵夺王坟府第，箝制言官，蔽塞朕聪。……专权乱政，罔上负恩，谋国不忠。本当断棺戮尸，念效劳有年，姑免尽法追论。

国难思良将，国衰思良臣。直到四十年之后，1622 年（天启二年），明熹宗朱由校为激励臣下，鼓舞士气，下旨予以一代名相张居正复官复荫。此时，距明朝崩溃的甲申之变仅有二十二年了。

万历亲政后，励精图治，每天治理朝政十余个小时。他废黜考成法等张居正改革中的弊政，安抚流民，减少徭税，大大减缓社会矛盾。

1585 年（万历十三年）时，北京干旱，万历亲自步行至天坛祈雨。他此时生活节俭，有勤勉明君之风范。

继张居正而任首辅大学士的张四维、申时行，目睹张居正生前的宠荣和死后的受辱，深知伴君如伴虎的道理，吸取张居正的教训，不敢再赤胆忠心全心全意了，都开始消极工作，小心谨慎，生怕大祸临头。

申时行在任期间，开创了两项很恶劣的先例——章奏留中和进呈经筵讲义。章奏留中，就是皇帝对于大臣们送上来的奏疏不予理睬，放在宫中，既不批示，也不发还。进呈经筵讲义，皇帝不需要参加经筵，经筵讲官们只需要把他们的讲义送到宫中就可以了。这两件惯例的养成，是申时行的创举，皇帝与大臣们的交流就此结束。申时行也因此被后人指斥要为朱翊钧近三十年不朝的“荒怠”行为负责。

万历武功国库空

朱翊钧这个人别看个头不高，但智商颇高，很有手段。尽管他后来近三十年不上朝，但万历一朝的大事，比如万历三大征等，还真都是在他的宏观遥控下进行的。

万历三大征，是指在西北、西南边疆和朝鲜几乎同时开展的三次涉及全国的军事行动：平定哱拜叛乱、抗日援朝战争、平定杨应龙叛变。

先说朱翊钧指挥的平定哱拜叛乱的故事。

哱拜是蒙古鞑靼部的首领，他嘉靖年间率部投降明朝边将郑印，后来官至宁夏副总兵。

1589 年（万历十七年），哱拜以副总兵致仕退休。儿子哱承恩袭为指挥使，任宁夏巡抚党馨巡抚门下旗牌官。

哱拜在家蓄养了一批奴仆，建立了一支苍头军，他发现朝廷发生了状况，明军军队没有战斗力，就想趁虚而入谋反。

1592 年（万历二十年）二月，时机成熟，哱拜与结义兄弟刘东旸同时发难，哱拜为谋主，刘东旸自任总兵，哱承恩为副总兵，杀了宁夏巡抚党馨，缴去了总兵张维忠的印信。扯旗反叛，占据了宁夏。

河套的蒙古部落因俺答汗之死，朝廷对于蒙古的羁縻政策，已经渐渐失控。哱拜派出信使，与河套的蒙古部落通气，企图结成统一战线，割据独立。

总督魏学曾发现了惊变，派部队切断了河套的蒙古部落与哱拜之间的通道，同时围住了宁夏。

朱翊钧听到了汇报，惊慌失措，想起了高拱，可惜，高拱早已经不在人世。他希望再出现有高拱那般军事才干的将帅，就召集大臣各献平叛之策。

兵部尚书石星献一惨绝人寰之策：掘开黄河之堤。以黄河之水灌淹宁夏城，则“一城之人尽为鱼鳖”。

御史梅国桢献一策：选将帅。推荐原任辽东总兵李成梁前往平叛。

甘肃巡抚叶梦熊献一策：要冲锋陷阵。请命讨贼。

朱翊钧前思后想，综合了三种方案，下命悬赏缉拿哱拜等人：命叶梦熊、梅国桢赶赴宁夏；命李成梁出征宁夏，李成梁当时在辽东，便命其子李如松前往。朱翊钧下令由魏学曾统一调度。

六月，魏学曾、梅国桢、叶梦熊、李如松等数支大军，到达宁夏城外，把宁夏围得水泄不通。但是，魏学曾不是一个将才，此时他大脑一片空白，居然束手无策，力主招安。

七月，在接到监军御史梅国桢的军情报告后，朱翊钧勃然大怒，果断以叶梦熊取代了魏学曾，并将魏学曾带回京城等待处置。并直接部署："决（黄河）水灌城之谋，毋得异同误事。"

于是，当初在反对俺答封贡中，似乎没有多少远见的叶梦熊，在这时显得非常有胆有略。他在七月十七日之前，围着宁夏城筑了一道长约一千七百丈的长堤，将宁夏城围成一个水泄不通的池塘，然后掘开黄河大堤，向宁夏城灌水。大水冲进了宁夏城。

八月，被水围困的城中粮食短缺。同时，李如松击败了从河套来援的蒙古骑兵。

九月，明军攻破宁夏城南城。但是，叛军退据的大城依然易守难攻，明军的攻势受挫。

这时，一个名叫李登的卖油郎，跛一足，瞎一眼，挑着担子在街上边走边唱："痈之不决，而狃于痏；危巢不覆，而令枭止。"

监军梅国桢一听，大喜：真是天助我也，能人来了，赶紧将他请入营中，一番密谈后，让他带着三封书信去见哱承恩，使反间计。

李登借卖油的机会，将一封信交给哱承恩，还劝哱承恩说："哱氏有功于朝廷，监军深为可惜，可杀刘东旸以自效。"

接着，李登又去见了刘东旸、许朝，劝他们说："首乱是哱氏，将军为汉人，何苦代蒙古人受过呢?"

刘东旸看看许朝，两个人觉得还真的就是这么回事。结果离间计成功。

九月十六日，刘东旸杀了土文秀。

哱承恩得知消息，大怒，杀了刘东旸、许朝，投降了明军。

九月十八日，明军进城，剿灭了哱拜的苍头军，哱拜自杀。

哱承恩等人被押解京城处置。至此，宁夏平定。

再说朱翊钧指挥的第二个征战，是万历的两次援朝大战。

日本侵略朝鲜，中国明朝出兵援助朝鲜。战争从 1592 年（万历二十年）开始到 1598 年（万历二十六年）结束，历时七年。

1592 年（万历二十年）四月，丰臣秀吉出征朝鲜，并迅速占领包括汉城、开城、平壤在内的三都及全国十八道大部分地区。但是，日本水路海军遭到朝鲜名将李舜臣的沉痛打击，丧失制海权，致使其"陆海并进"的计划落空，陆军补给出现危机。朝鲜民众也奋起反抗，纷纷组织"义兵"袭扰倭寇，牵制了部分兵力。但实际上，朝鲜亡国危在旦夕，绝望中的朝鲜国王李昖向宗主国明朝求援。

朱翊钧意识到问题的严重性，和兵部尚书石星决定主战，抗日援朝，以巩固辽东和北京。

七月，朱翊钧以辽东游击史儒率骑兵两千出征，副总兵祖承训率骑兵三千继后。史儒至平壤附近，因道路不熟，误中埋伏，全军覆没，史儒亦阵亡。

祖承训率三千骑兵攻入平壤，随即陷入巷战，亦大败，祖承训等逃回。神宗朱翊钧遂以宋应昌为经略、李如松为东征提督，率四万精兵入朝鲜。

1593年（万历二十一年）一月八日，李如松取得平壤战役胜利，从根本上扭转了朝鲜的战局。

随后，明军和朝鲜展开了战略总反攻，把日军全部赶出了朝鲜。

1597年（万历二十五年）七月末，丰臣秀吉发布进攻命令，以八队十四万的兵力进攻朝鲜。

在朱翊钧的决策下，明军作战总数达到七万人，转入战略反攻阶段。八月十八日，丰臣秀吉病死，日军随即撤军。十一月十二日，明朝、朝鲜联合海军在露梁海战中获得胜利。万历朝鲜战争至此结束，中朝取得最后的胜利。

体现朱翊钧军事指挥才能的第三次征战，是指挥平定西南少数民族的土司杨应龙叛乱。

1599年（万历二十七年）二月，朱翊钧命令调动朝鲜战场的最能征战的总兵刘綎的几支部队回国，迅速移往四川的播州。

播州设有播州宣慰使司，宣慰使姓杨，世代为当地的土司，居所如皇宫，作为如皇帝。

当时，贵州巡抚江东之派都指挥使杨国柱讨伐叛变的杨应龙，结果战败，三千军队全军覆没，杨国柱战死。

朝鲜战争刚刚结束，部队回撤，尚有足够的兵力。因此，朱翊钧决心剿灭杨应龙。他命李化龙为湖广、川贵总督，兼四川巡抚，郭子章为贵州巡抚，讨伐播州叛军。

1600年（万历二十八年）春，各路兵马陆续到达播州附近。

李化龙持尚方宝剑，主持讨伐全局，坐镇重庆；郭子章以贵州巡抚坐镇贵阳；湖广巡抚支大可移驻沅江。

六月初六日，杨应龙与爱妾周氏、何氏关门上吊自杀，儿子杨朝栋、弟杨兆龙被俘。

战役前后历时一百一十四天，杨应龙的部队被斩杀两万人。

十二月，李化龙班师回朝，并将杨朝栋等六十九人押解到京师，磔刑于市。

至此，平播一战以完胜结束。

从万历三大征战看来，朱翊钧不是一个平庸的皇帝，高拱在职的时候，教了他陈兵布阵如何打仗，也曾经帮助他分析过朝鲜、倭寇、台湾的问题。因此，朱翊钧对于每一次军事行动，都精心谋划，胸有成竹。而且，在战争过程中对于前线将领的充分信任、对于指挥失误的将领坚决撤换，都显示了朱翊钧的过人胆略。

第九章

被父亲剥夺受教育权——朱常洛

朱常洛一生没有得到父爱，没读过几次书，受教育权也被父亲剥夺。然而，有前仆后继的大臣为他坚持数十年的战斗，他终于争得储君地位。

朱常洛读书虽少，却有勤政之举：废矿税、饷边防、补官缺，拨乱反正。可惜，他未能大展宏图，在位一个月就一命呜呼，可怜可叹！

为何不让太子读书

在万历皇帝朱翊钧以前，明朝的列祖列宗都很重视皇子皇孙的学习。只有这一个，很特例。

一个孩子生在帝王家，他的成长经历、心路历程、接受的教育、他们的命运，注定是一出喜剧或者悲剧，注定有不同平常的人生。我们通常会认为，皇子或者皇太子都应该不乏接受教育的机会。可是，在明朝的历史上，偏偏就有一位，尽管在生活上极其奢华，而受教育机会几乎为零。

按照朱元璋定下的规矩，皇子朱常洛大抵十岁就应入学。但是他的父亲万历皇帝朱翊钧却一直反对他出阁读书。因此，他一辈子也没有读过几次书。

1593 年（万历二十一年），首辅王锡爵提出十二岁的皇长子出阁豫教。朱翊钧表示同意，来年春天举行仪式。但是他附加两个条件，一是皇三子朱常洵要与皇长子朱常洛同时出阁，二是皇长子朱常洛见讲官要穿常服，不能穿亲王之服，行东宫之仪。经王锡爵再三劝阻，朱翊钧才勉强同意皇三子暂缓一年。

1594 年（万历二十二年）二月，朱常洛已经十三岁，在大臣们的再三请求下，他的父亲才勉强同意他出阁读书。朱翊钧发诏令“一切恩礼俱从减杀”。第一次读书，仪仗侍卫一概没有。这次出阁读书之后，朱常洛就长期辍学了。

1600年（万历二十八年）冬天，十九岁的朱常洛得到了一次学习机会。天气非常寒冷，室内一只火炉都没有，连太监都不给朱常洛好脸色看，不给生火取暖。朱常洛虽然心里窝火生气，却照样出阁读书。

1601年（万历二十九年），朱常洛终于被立为皇太子。按照规矩，读书的时间在巳时，遇到寒暑免读，讲官要严格挑选。但是他的父亲朱翊钧给他把读书的时间改了，改为寅时，寒暑不免。读书的桌子也改小了，只有二尺多点。太子的讲官也没精挑细选，皇帝很随便就指定了老师。据史料记载，仅有的讲学，朱翊钧派了两个非常可笑的讲官。一个是吴越口音，举止烦急，使朱常洛“片语不晓”。还有一个肥胖的讲官，讲完课就靠着柱子喘息。尽管如此，朱常洛不敢向父亲抱怨。

1613年（万历四十一年）五月，礼部尚书孙慎行以皇帝朱翊钧二十年来不亲自祭祀天地、祖宗，皇太子朱常洛读书已经停止八年，还有皇长孙朱由校九岁未曾读书诸事，上疏恳请。朱翊钧一概不予批准。

1615年（万历四十三年）五月二十八日，大学士内阁大臣方从哲上疏请示，奏言：“皇太子讲学，诚当今之急。”

朱翊钧马马虎虎批示：“此等大事，朕岂不知。”

方从哲不甘心，又上疏：“再请令皇太子与皇太孙一并出阁读书。”

朱翊钧还是两个字：“不准。”并且自相矛盾地补充了一句，说，“等到册立之后再说。”

他不同意册立皇太孙，又说册立之后才可以读书，其实他的心里一直惦记着立郑贵妃生的朱常洵为太子。大臣们死活不同意，神宗也就死活不同意皇太子皇太孙读书，两边僵持不下。

1616 年（万历四十四年）八月初四，“比太子既建，而禁不出阁者又十二年”，朱常洛才被批准再学习一次。然而，这便是最后一次了。

从此，讲学再也没有进行过。这位朱常洛也堪为可怜，一生总共也没有读过几次书。

1619 年（万历四十七年）三月初一，著名的萨尔浒战役，数十万明军被清太祖努尔哈赤打得损兵折将一败涂地，三路丧师。就在这时候，言官们还是照样操心太子皇太孙的读书这件事情。刑部给事中亓诗教，大声疾呼，为太子和皇太孙打抱不平，上疏请示：

> 皇上御极之初，日讲不辍，经筵时御。为何因循至今日，视东宫如漫不相关之人，视东宫讲学如漠不切己之事。且不为东宫也，皇长孙十有五岁矣，亦竟不使授一书，识一字。我祖宗朝有此家法否？

勤政之举矫枉过正

1620 年（万历四十八年）八月，皇太子朱常洛即皇帝位，大赦天下，宣布次年改元泰昌。

朱常洛历尽千辛总算登上了皇位，成了君临天下的帝王。

在短短的一个月里，朱常洛借皇帝遗诏的名义，进行了一系列革除弊政的改革。朱常洛在群臣的帮助下，也做了不少实事，比如：废矿税、饷边防、补官缺，这都预示着新的政治面貌即将出现。

他下令罢免全国范围内的矿监、税使，停止任何形式的采榷活动。万历末年的矿监和税监引起官怨民愤，这种税收曾一度造成民不聊生，民变迭起，早为人们所痛恶。所以，朱常洛的这一诏书颁布后，朝野欢腾。

当初神宗大行敛财，宫中留有大量银两。朱常洛在七月二十二日至八月一日之间，连续两次发内帑共计一百六十万两，发给辽东经略熊廷弼和九边巡抚按官，让他们犒赏将士；并拨给运费五千两白银，沿途支用。朱常洛还专门强调，银子解到后，立刻派人下发，不得擅自入库挪为他用。

他拨乱反正，将由于进谏而得罪皇帝的官员全都释放，补用空缺的官职。袁可立、邹元标、王德完等一些正直敢言的大臣，先后被召回，官复原职，重振纲纪，补足了缺额。他又提拔了一批新的官吏，使朝政有了些起色，朝堂为之一新。

朱常洛命令礼部右侍郎、南京吏部侍郎二人为礼部尚书兼内阁大学士；随后，将何宗彦等四人均升为礼部尚书兼内阁大学士；启用卸官归田的旧辅臣叶向高，同意将因为“上疏”立储获罪的三十三人和为矿税等获罪的十一人一概录用。因此，有人感慨朱常洛矫枉过正，造成了前所未有的“官满为患”的局面。

宫中的郑贵妃似乎仍是朱常洛无法摆脱的阴影。不过，他非但没有去追查当年郑贵妃对自己的迫害，反而处处以先皇为借口，优待郑贵妃。

神宗离世的次日，朱常洛传谕内阁：

> “父皇遗言：‘尔母皇贵妃郑氏，侍朕有年，勤劳茂著，进封皇后。’卿可传示礼部，查例来行。”

此时，朱翊钧的王皇后以及朱常洛的生母王氏都已经去世，郑贵妃一旦变成皇后，在接下来的泰昌朝中，她就可能变成皇太后。既然朱常洛另有生母，郑贵妃怎么能封为皇后呢？朱常洛对此感到十分为难，于是将奏疏留中不发。礼部右侍郎孙如游上疏给朱常洛说：“臣详考历朝典故，并无此例。”于是，朱常洛收回了封郑贵妃为皇太后的谕旨。

国本之争疑案重重

1586年（万历十四年），郑贵妃生下儿子朱常洵。由于万历皇帝朱翊钧对郑贵妃与对王恭妃的态度不同，长达几十年的“国本之争”由此揭开了帷幕。

还在朱常洵出生以前，首辅申时行就曾建议万历皇帝早立太子。但万历皇帝不愿把自己不喜欢的宫女生的儿子立为帝位的合法继承人，以皇长子年龄尚小为托词。朱常洛五岁了，他的母亲王恭妃还未受封；而朱常洵刚刚出生，郑贵妃即被封为皇贵妃。朱翊钧一直有废长立幼的想法，他又提出了三王并封的主意，想把他的儿子们，众皇子都封为王，以降低长子的地位。

但是，朝臣不买账，进行了坚决的阻扰干预，使朱翊钧的计划没有得到实施。朝中大臣担心郑氏谋立皇三子，损害国本。他们争相提及皇储问题，奏折累计成百上千，无不是指责后宫干政，矛头指向郑贵妃。

历经多年抗争，朱翊钧在这些前仆后继的劝谏者面前，到底还是筋疲力尽了。在慈圣皇太后李彩凤的干预下，朱翊钧无可奈何地立朱常洛为“皇太子”。

早在几年前，朱翊钧为讨郑贵妃的欢心，曾许愿将来封朱常洵为太子。郑贵妃施展聪明，让他写下手谕，珍重地装在锦匣里，放在自己宫中的梁上，作为日后凭据。郑贵妃听到朱翊钧要立朱常洛为太子的消息，虽然感到大势已去，但她还是要作最后一搏，她必须出示这张王牌以制其敌了。

可是，当郑贵妃满怀希望地打开锦匣时，不禁大吃一惊：手谕让衣鱼（蠹虫）咬得残破不堪。朱翊钧长叹一声：“此乃天意也。”终于，他不顾郑贵妃的泪眼，而把朱常洛封为“太子”，把朱常洵封为“福王”，封地洛阳。

至此，有关国本的争论前后已达十五年。无数大臣被斥、被贬、被杖打，朱翊钧身心交瘁，郑贵妃悒郁不乐，整个帝国不得安宁。“国本之争”终于告一段落。

但是，事情远远没有结束。

慈圣太后李彩凤，终于走到了生命的尽头。在临死之前，她又办了一件足以令群臣热血沸腾、让朱翊钧十分尴尬、让郑贵妃恨之入骨的大事。

按照明朝祖制，所封藩王必须住在自己的封地，非奉旨不得入京。但郑贵妃的儿子朱常洵却自恃父母之宠，竟在皇宫中十多年不赴洛阳。

正当皇帝和群臣为朱常洵就藩一事争得难解难分之际，行将就木的慈圣太后李彩凤出现了。她先是召问郑贵妃："福王因何未就藩?"聪明伶俐的郑贵妃沉着地回答："太后明年七十寿诞，福王留下为您祝寿。"慈圣太后岂能如此被糊弄，她冷冷地反问："我二儿子潞王就藩卫辉，试问他可以回来祝寿否?"

郑贵妃无言以对，只得答应督促福王速去封地就藩。

朱常洛虽然被封为太子，但他的生母王氏仍旧没有被加封，还是个恭妃。到了1606年（万历三十四年），朱常洛有了儿子，万历皇帝才勉强封了王氏一个皇贵妃。1611年（万历三十九年），王氏郁郁而终，大学士叶向高建议厚葬，可是朱翊钧坚决不同意。一再进言，皇帝才勉强通过。即便这样，朱翊钧都不肯追谥她一个皇后的名位。

到了1613年（万历四十一年），又起风波，有人说郑皇贵妃以及福王将要谋害皇太子，朱翊钧敌不住太后和大臣们的轮番攻击，在慈圣太后去世一个月后，只得让福王赴洛阳就藩去了。

当上太子之后的朱常洛，内心十分压抑，宫内、宫外的斗争始终都在威胁着他的地位，甚至生命。几十年来，朱常洛颇受父亲的打压、郑贵妃的陷害。在残酷的斗争中，他已经渐渐学会韬晦，知道怎么样保护自己，各方面表现得中规中矩，让父亲找不到废掉自己的把柄。

最不甘心的就是郑贵妃了，为了让自己的儿子能够坐上皇帝的宝座，她绞尽了脑汁，必要置朱常洛于死地。

朱常洛二十一岁始婚，婚后移居慈庆宫。不久，宫里就发生了"梃击案"——男子拿木棍闯太子寝宫。

1615年（万历四十三年）一天中午，太子朱常洛正在午睡。

值班太监突然发现，有一个壮汉，不知道怎样混进了守卫严密的太子居住的慈庆宫，他手持枣木棍，正要挥起木棍，照着太子的头上打去的时候，被侍卫当场活捉。朱常洛吓得心惊胆战，说不出话来。

他如何能闯进戒备森严的皇宫，又如何能轻易找到太子居住的宫殿?

这在宫中引起纷纷议论，人们背地里都猜是郑贵妃指使。

被宫门太监抓住后，嫌犯先是装疯卖傻，东拉西扯，不说实话，一顿酷刑过后，供认了真凶。那人是蓟州的张差。经过反复审理，案情渐渐地浮出水面，果然牵涉到了郑贵妃。

那人说是郑贵妃手下的太监庞保、刘成所指使，是他们把他偷偷地带进了太子寝宫的。

郑贵妃为了让儿子当上太子，而想要谋害朱常洛的事情昭然若揭。朝议沸腾，处置郑贵妃的呼声很高。

郑氏为免心腹受罪，向万历皇帝朱翊钧哭诉。但是太子差点遇害，朝中大臣们议论纷纷，朱翊钧虽然是皇帝却也无法平息。郑贵妃万般无奈，只得跪求太子，太子慌忙回拜。

朱翊钧和太子朱常洛都心知肚明。太子不好说什么，他权衡利弊，宽怀大度，原谅了郑贵妃，帮助郑贵妃向大臣们说明梃击案与郑贵妃无关。他的宽宏大量打动了他爹万历皇帝，之后朱常洛在宫中的地位有了明显的提升。

最后，在皇帝的干涉下，当事人太子不追究，大臣们也只好睁一只眼闭一只眼了。以疯癫奸徒的罪名砍了张差，杖死了庞保、刘成，此案不了了之。这就是太子遭梃击疑案。

朱常洛沉湎酒色，后宫女人无数。1620 年（泰昌元年）十一月，朱常洛才当了二十天皇帝，郑贵妃就送给他十个美女，昼夜欢娱，这几乎掏空了他的身体。加上刚刚即位，百废待兴，政务繁忙的他不到一个月就病倒了。

太医崔文升诊病，给他服用了泻药。使朱常洛一日一夜竟腹泻达四十三次，身体极度虚弱，后半夜基本就处于衰竭状态了。

当天，鸿胪寺官李可灼进献红丸。朱常洛服用之后，九月初一驾崩，在位仅仅一个月，享年三十九岁。这件事史称“红丸案”，此案最后也不了了之，成为了明宫三大案之一。

这是不是郑贵妃指使李可灼下的毒谋杀？红丸到底是什么药？崔文升为什么要向皇帝进泻药？

崔文升又是什么人？他本是郑贵妃宫中的亲信太监，人很机灵，好文笔。朱常洛即位以后，升崔文升为司礼监秉笔太监，兼掌御药房。

朱常洛即位后，身体不适，郑贵妃抓住机会，指使崔文升，以掌御药房太监的身份，向朱常洛进“通利药”，通利药就是大黄。大黄的药性是攻积导滞，泻火解毒，相当于泻药。

后来，廷臣们对于崔文升进药的资格和所进药物是否符合医学原理两点，对崔文升进行猛烈的抨击。

给事中杨涟说：

> 贼臣崔文升不知医……妄为尝试；如其知医，则医家有余者泄之，不足者补之。皇上哀毁之余，一日万几，于法正宜清补，文升反投相伐之剂。

杨涟认为，朱常洛本来身体就虚弱，应当进补，而崔文升反而进以泻药，居心叵测。

当时，朱常洛的生母王氏外家、原皇太子妃郭氏外家两家外戚都认为其中必有阴谋，遍谒朝中大臣，哭诉宫禁凶危之状："崔文升药，故也，非误也！"

八月二十二日，朱常洛召见首辅方从哲等大臣，六品的给事中杨涟也在召见之列。朱常洛看了杨涟很久，说："国家事重，卿等尽心。朕自加意调理。"

朱常洛下令，将崔文升逐出皇宫。

八月二十九日，鸿胪寺丞李可灼说有仙丹要呈献给皇上。太监们不敢做主，将事情禀告内阁大臣方从哲。

方从哲说："彼称仙丹，便不敢信。"

接着，内阁大臣们奉命进乾清宫看望皇帝朱常洛。

新君即位，正待万象更新，可是没想到朱常洛突然就病倒了。朱常洛对自己的状况非常清醒，他急召张惟贤、方从哲等十三位信得过的重臣进宫，让皇长子出来见他们，托孤安排后事。他又问起自己的陵墓的营建事宜。在安排就绪后，朱常洛问："听说有鸿胪寺官进药，何在？"

方从哲急忙说："鸿胪寺丞李可灼自云仙丹，臣等未敢轻信。"

朱常洛自知命在旦夕，遂抱着试一试的想法，命李可灼入宫献药。

到中午时分，李可灼调制好一颗红色药丸，让皇帝服用。朱常洛已经十分虚弱了，他迫不及待地吃了下去，果真见效，气喘减缓，食欲大开，病情稍见好转。

朱常洛服完红丸后，感觉还好，让内侍传话说："圣体用药后，暖润舒畅，思进饮膳。"

傍晚，朱常洛命李可灼再进一颗红丸。尽管御医们都表示反对，但是朱常洛坚持再服。

服后，朱常洛感觉安适如前，没有什么不良反应，沉沉睡去。

没有想到，第二天清晨，内侍太监发现，他已经在沉睡中死去。

于是，廷臣纷纷议论，指定李可灼献红丸致皇帝暴毙的罪魁，而且还牵涉到尚书方从哲。

内阁大学士韩将进药的前后始末详细地在给熹宗的奏疏中说明，才使方从哲摆脱了困境。红丸，其实与嘉靖皇帝当初服用的红铅丸类似，是用妇人经水、秋石、人乳、辰砂调制而成，性热，正好与当初崔文升所进的大黄药性相反。本就虚弱的朱常洛，岂能不暴毙而亡！

朱常洛独自在明朝同时创下两个纪录：当太子时间最长——三十九年；当皇帝在位最短——仅一个月。

第十章

万千教育独缺“德”——胤礽

胤礽是清朝第一位也是唯一一位明立的皇太子。他聪慧好学。在与贤达交结的过程中，胤礽谦和贤明，给当时著名知识分子留下了很好的印象。

作为康熙殷切期望的继承人，他文韬武略，具有不俗的治国才能。他数次监国听政，对清朝极盛时期的来临，胤礽功不可没。

然而，康熙对胤礽过分骄纵和溺爱，固执地认为胤礽的过错都是身边的小人教唆所致。长此以往，胤礽不可一世、蛮横无礼、乖戾暴躁、德行不端。康熙对他期望最高，失望也最大。

护子心切辱师长

康熙有许多儿子，他对儿子们的学习培养，非常重视。皇子们读书启蒙，康熙亲自教，亲自为皇子们选定师傅。

康熙曾说：

> 朕宫中从无不读书之子。今诸皇子虽非大有学问之人所教，然已俱能读书。朕非好名之主，故向来太子及诸皇子读书之处，未尝有意使人知之，所以外廷容有未晓然者。

因此，皇子的老师大多是著名的大学士，有名儒张英、文渊阁大学士兼吏部尚书李光地和满大学士熊赐履、徐元梦、汤斌、耿介等等一代大家。李光地、张英为总师傅之外，还有特别挑选的满蒙师傅。教满蒙文者称“内谙达”，教皇子弓箭骑射者称“外谙达”。皇子们必须学习满、蒙、汉文字。

皇子们的儒家经典教育，选择的是与明朝教授皇子相同的教科书：《四书》《五经》《资治通鉴》《性理纲目》《大学衍义》《古文渊鉴》等，清朝帝王圣训、顺治所辑《资政要览》等祖宗家训亦是必读之书。还有吟诗作文及骑射等，各师傅依自己的专长为皇子皇孙设计一些教材。

康熙也对诸皇子从学业到为人处事各个方面都有训诲。雍正登基后，把康熙的语录辑为《庭训格言》。

在皇帝和老师们的教育下，皇子们个个能说满语、蒙语、汉语等多种民族语言，而且都聪慧过人，多才多艺，学富五车。太子胤礽出阁讲学，他的学业以及论理、书法很优秀，大臣们都感叹不已。

胤礽的生母是康熙皇帝的结发妻子赫舍里氏皇后，生下胤礽产后大出血去世。

1657 年（康熙十四年），康熙二十岁时就考虑到立储是关系爱新觉罗氏家族的统治是否能够长治久安的重大问题。他就按照明朝立嫡立长的传统，选中了嫡出的、刚刚一岁大的胤礽为皇太子，还亲自教他读书。

胤礽六岁时，康熙在畅春园的西面，为他修了一座小园林居住，又特请大学士给他当师傅。胤礽经父、师教诲，文通满汉，武熟骑射。

胤礽渐渐地长大，康熙特地命人修葺了紫禁城东面斋宫与奉先殿之间的奉慈殿，改为毓庆宫，作为太子东宫。毓庆宫紧挨着后宫禁地乾清宫，东墙外是皇室祭祖的奉先殿，西墙外就是斋宫。

畅春园无逸斋，位于康熙所住的澹宁居旁边，是太子读书的地方。太子与皇帝近在咫尺，太子的一举一动都离不开皇帝的火眼金睛。

康熙让人在畅春园无逸斋外种上庄稼，开水稻田，他还经常到这里打理庄稼，以身作则，借此告诫胤礽要简朴。

太子的讲学，要求“卯入申出”，一天要学习十多个小时。

每天寅时一到，乳母就来喊他：“太子起客!”

点灯，起床，一群宫女和太监进来，开始忙碌起来，他们按照自己的职责分工，侍候胤礽穿衣洗漱，然后送他到康熙住的地方——澹宁居。太子到澹宁居，是要来给父亲请安。

康熙听了太子的汇报，又拿起太子书写的字帖一张一张地验看。同时听太子背诵他昨天所学的功课，自己再给他讲今天的功课。

烛光闪耀，映照着父子俩的脸，康熙给太子讲完课，胤礽带着新的压力走出了澹宁居，而康熙已经准备换朝服，马上就上朝了。早起的大臣们，已经赶到了早朝站班列队。

这时候，天还未破晓，小太监们提着白纱灯在前照路，一群人前后围绕着，把太子护送到尚书房。

书房被烛火照得大亮，负责太子读书的讲官已经等候多时。老师按照惯例，向他恭行臣子礼，侍立在东侧负责记载皇太子言行的起居注官德格勒、彭孙遹则侍立在西侧。

一切准备就绪。胤礽再给老师们赐座，轮值的满、汉、蒙族讲官依次上来，先给胤礽复习昨日学习的满文、汉文、蒙文。

胤礽按照康熙特命，背诵书经。背完后，当日值班的老师靠近案前听他背书。老师们跪着，捧接胤礽递给他的书。听完胤礽的背诵，若是一字不错，就用朱笔点上记号，重划一段，再学习新的一段，捧还经书，退回到原来的地方。

这套程序完成之后，勤奋的胤礽又练楷书，每个字都写上一百多遍。比照明朝皇子的学习计划，康熙要求：无论是背经文，还是写楷书，都比明朝加倍。

康熙上完早朝，听取大臣们的奏本，下朝向太皇太后请安之后，又来到畅春园无逸斋，检查太子当天的学习。

康熙入斋升座，询问胤礽老师们太子的背书情况，再问起居注官胤礽的学习状况。最后嘱咐他们对皇太子不要过分夸奖，而应严加要求。检查完胤礽的功课，康熙才回宫。教育失去母亲的太子，他费尽了心思。

午膳后，没有休息，接着读书。

胤礽下午上体育课，由侍卫在庭院中树立起箭靶。

胤礽射完箭，回屋入座，开始疏讲。疏讲就是老师翻书出题，学生依题疏讲，再由老师做点评补充。

傍晚，康熙又来检查胤礽的学习。

天色渐黑，胤礽松一口气，当日的尚书房生活终于结束了。

这时，回到畅春园无逸斋，疲惫不堪的太子还有学业要进行。

用完晚膳后，太监掌灯，胤礽开始复习当天学习的内容，再预习明天讲学的内容，直到晚上十点多才熄灯就寝。

有时候很晚了，康熙会突然间想起太子，还要派人把胤礽带到澹宁居亲自教导一番。这种情况下，就不知道什么时候才能睡觉了。

胤礽随着年纪渐渐地长大，性格暴戾、飞扬跋扈、奢侈骄横的嘴脸暴露出来，也就不将老迈的师傅们放在眼里了。

据记载，胤礽的师傅达哈塔、汤斌和耿介都是老臣，年迈体衰白发苍苍。这些尽职尽责的好老师们，每天早晨五更就起床，提着灯笼赶路进宫，赶到尚书房的时候，天还黑着，寒星闪耀。

每天，老师在给太子教书时，必须侍立在旁，一站就是十几个小时，筋疲力尽的老人们，腿脚无力，体力不支，难免东倒西歪不成体统。

但是，胤礽仿佛没有看见，要求老人们站着，礼仪不免。胤礽在背书时，老师依旧得先下跪，等到胤礽接过经书，背完，老师才可以站起来，退回原处站——这是规矩！

1687 年（康熙二十六年），胤礽已十四岁。这天，师傅耿介因为天气热，又站得太久，突然晕倒在地。老师们都心怀不满，几乎都在期望康熙皇帝给一个说法。没有想到，康熙来到尚书房，听了汇报后，不但没有责备太子，反怪到师傅的头上，为太子护短：“尔等侍立，朕焉得知？应坐应立，宜自言之。皇太子欲赐座，未奉朕谕，岂敢自主？”

耿介心里气愤，身体发抖，自己痛恨自己的活该，又哪里敢说一句反驳的话？作为臣子的，在太子面前，还敢奢望赐坐？还敢责怪太子吗？

1686 年（康熙二十五年）四月，康熙在瀛台教皇子们射箭，帝师徐元梦也陪侍在旁，康熙让他也来射，徐元梦年迈体衰，拉不开强弓，被康熙讽刺诘责。徐元梦解释了两句，惹恼了康熙，当着皇子的面，康熙命人将徐元梦打得半死，并下令抄了徐元梦的家，将其父母流放到黑龙江。

这天晚上，康熙为了不耽误儿子们的学习，又命人去给徐元梦治伤，还命他按时去皇子们的书房。

第二天，徐元梦的父母被装进了囚车，就要出发了，被徐元梦求情拦下。观者如堵，百姓议论纷纷。滂沱大雨，徐元梦带伤跪在宫门前。宫中御前侍卫劝他回去，徐元梦号泣哭求转奏：

> 臣奉职无状，罪该死。臣父廉谨，为官数十年，籍产不过五百金，望圣主察之。且臣父母皆老病，臣年正壮，乞代父谪戍，尚能胜甲兵效命矣！

侍卫们都觉得徐元梦冤枉，但没人敢去转奏。到了晚上，趁没有人看见，有人偷偷请了一个朝中重臣来，带着徐元梦同入詹宁宫。康熙训斥了徐元梦一顿，算给了徐元梦面子，终于赦免了他的父母。

1707 年（康熙四十六年）正月，康熙第六次南巡，接到京师三阿哥胤祉等人的请安帖，看到了错别字，顿时大怒，批示道："这次随我来的几个小阿哥的作文，经我考察后，都不明文义，生疏而不流畅，这都是徐元梦不尽心教诲所导致的。"

康熙不管三七二十一，也不调查清楚，就要将徐元梦革职："着命阿哥们，当面监督，乾清门侍卫执法，打徐元梦三十板子。如不思改进，加倍处罚，断不宽恕。"

徐元梦实在是倒霉！被打三十板子，一个月不能起床。

徐元梦几次三番在自己的学生面前受到皇帝羞辱！

胤礽见样学样，效仿父亲康熙，不仅打骂过老师徐元梦，有一次还把徐元梦推入河中。

对此，康熙从来都没有检讨过自己。康熙不但没有为胤礽做出尊师重教的榜样，反而把老师尊严一扫而光。

胤礽的暴戾骄纵，也归功于康熙过分的溺爱和纵容。胤礽小的时候，康熙为了能让他得到更好的照顾，特意任命了胤礽的奶公（奶娘的丈夫）凌普执掌皇宫内务府。这样，胤礽便可以任意拿取他想要的任何东西，也由此养成了奢侈无度的习性。

就这点而言，雍正比康熙要强。雍正在儿子第一次拜老师时，特意传谕说，“皇子拜师傅，礼当拜”。皇子们遵旨向老师行礼，老师们不敢受，便相互行作揖礼，后来便成定制。

两立两废为江山

起初，太子胤礽的舅爷索额图，帮助太子潜谋造反大事，康熙皇帝知情后，果断地将索额图处死。胤礽为给索额图复仇，想要集结索额图余党暗暗组成一个团队。没有想到，他的父亲洞若观火，毫不留情地将索额图的余党全部诛杀，断了胤礽的羽翼。

索额图死后，胤礽还不知道深浅，没有引起警觉，经常因为小事殴打臣民与自己的恩师，侍从们也仗势欺人横行霸道。胤礽我行我素，激起了公愤。

康熙心里气恼，再冷静地想一想，决定要斩草除根，下令将索额图的儿子格尔芬、阿尔济善和追随胤礽的苏尔特、萨尔邦阿等六名党羽立刻诛杀，以绝后患，彻底断绝太子党的根苗。

康熙以为胤礽会有所收敛，可是，胤礽却并未就此止步。

胤礽是康熙一手带大的儿子，几十年的培养工程，倾注了康熙多少心血和精力。胤礽不思回报，却一再挑战康熙。尽管康熙一再给他改过自新的机会，可胤礽不知珍惜，最终被两立两废。康熙恨铁不成钢，气煞。

康熙以先贤为榜样，是出名的孝顺人。他想以仁孝治天下，当时口碑相传，满朝都学习康熙，讲究孝道蔚然成风。他幼年丧母，把嫡母太后当成了亲生母亲，像对亲娘一样地孝敬侍奉，每天都会到太后宫中请安问好。太后七十大寿，已经五十七岁的康熙还亲自下场跳起了蟒式舞为皇太后祝寿，逗母亲开心。太后病危，康熙当时重病在身，也很虚弱，腿脚浮肿麻木，走路都很困难，但他用手帕缠脚套上靴子，乘了小轿去给太后送终。

他是被祖母带大的，他侍奉祖母"无一时不尽敬，无一事不竭诚"，三十多年如一日，不曾怠慢。祖母爱吃鱼，他每次南巡，捕到鲜鱼，都要派人快马送回北京，给祖母尝鲜。祖母得了皮肤病，康熙亲自送祖母去泡温泉，一路上跑前跑后，服侍左右。祖母病危，康熙侍疾，几十天没有洗过一次澡。

面对儿子对自己的冷酷，康熙痛苦万分：太子不仁不孝！

九王夺嫡法不宥

在打江山的时候，无论满汉，建功立业基本是打仗亲兄弟，上阵父子兵，兄弟们都有机会在血雨腥风的实战中锻炼才能。康熙六下江南去南巡，或者北上承德木兰围场围猎的时候，总是把儿子们分作几批。一批带在身边。一批留在在北京监国，有时候还特派一批去处理外交。

皇帝总是想按自己的意愿来安排所有的事情。康熙对皇子的培养，首选为成龙，次为襄政，又次之为领兵，再次之为务学，复次之为书画。也就是说，太子的培养目标是做皇帝，其次是做贤王辅政，又次之是领兵做大将军，再次之是搞学术，再次之是雅士。

康熙的儿子们，论才干，个个出众；论资历，亲爹都是康熙。异母同父的兄弟，凭什么就胤礽能做太子呢？其他儿子们不服。

谁都清楚，将来的事实是：不管谁当了皇帝，那时大家就不再是兄弟，而是君臣之间的上下级关系！太子和其他阿哥之间本来就亲情淡薄，阵线分明。胤礽暴戾自私人人皆知，将来坐在龙椅上，还不知道会怎么对待兄弟们呢，砍脑袋也有可能。所以，皇子们必然会培植自己的势力，和太子抗衡。

在众多皇子中，表现得最为露骨的就是大阿哥胤禔。按照前朝的惯例，他是长子，就应该是太子。而且，他才华横溢，稳重而文雅。然而，胤礽的母亲是皇后，胤禔的母亲纳喇氏一直到康熙十六年才被封为惠嫔，四年后才给晋升为惠妃。胤禔始终为自己是皇长子却没能立为太子而耿耿于怀。他耐着性子，等待时机的到来。

胤禔的舅舅是大学士明珠，他野心勃勃，很想帮这个外甥执掌大位。于是，明珠集结了侍卫内大臣鄂仑岱、一等侍卫隆科多等人，组成“皇长子党”。他们打着维护皇权的名义，和索额图的“太子党”对抗。1688 年（康熙二十七年），两派的斗争日益激化，康熙考虑再三，决定维护太子的地位而将明珠罢黜，沉重打击了“皇长子党”。

1708 年（康熙四十七年）五月，康熙巡幸塞外，带了太子胤礽、大阿哥胤禔等儿子随行。其中，就带了才八岁的十八阿哥胤祄，康熙非常喜欢这个小儿子。途中，胤祄生了重病，康熙非常焦虑，可是太子胤礽却无动于衷。后来，胤祄病故了，胤礽也没有难过之情。康熙训斥胤礽“毫无兄弟之谊”，而胤礽不仅不接受批评，竟然顶撞康熙，还拿起马鞭冲出去鞭打辱骂侍从和大臣。

发完脾气后，胤礽有点不祥的预兆：是不是灾难临头？他寝食难安，急于知道父亲的态度，便派出自己的亲信去侦察康熙的日常起居，甚至自己也曾在夜间偷偷到康熙帐前，扒开帏幄的缝隙，鬼头鬼脑地窥视里面的动静。不巧，这事被其他皇子知道了，毫不迟疑就报告给了康熙。这就是“帐殿夜警”事件。

太子竟然跟踪自己，康熙大为震怒，特令随行文武官员齐集塞外行宫，勒令皇太子胤礽跪下，历数其罪状：“胤礽不听教诲，目无法度，联包容二十多年，他不但不改悔，反而愈演愈烈，实难承祖宗的宏业。”

康熙帝下令，首先惩办了怂恿皇太子的官员，继而又废了皇太子，令胤禔监视胤礽。

这次废皇太子，对康熙帝的精神刺激很大，致使他六天六夜不能入睡。他召见随从大臣，边诉边注，罗列了胤礽的罪状；群臣也为之伤感，泣不成声。

太子被废以后，其他几位皇子争储日益激烈。其中，大阿哥胤禔甚至揣测康熙想处死胤礽！他自作聪明，向康熙进言：“父皇今欲诛胤礽，不必出自皇父之手！”。康熙听后，大惊失色，极为愤怒和惊骇。他真没想到，这个大儿子竟然如此歹毒！

康熙随后又召集皇子们，当面痛斥胤禔“凶顽愚昧，不知义理”，“不谙君臣大义，不念父子之情”，实在是“天理国法皆所不容的乱臣贼子！”

胤禔见自己争储无望，便想推荐与自己关系最好的八阿哥胤禩。胤禩自幼备受康熙喜爱，他十七岁的时候就被封为贝勒，是当时封爵皇子中最年轻的。胤禩小时候是由大阿哥胤禔的生母惠妃所抚养，他对惠妃的感情也很亲。所以，胤禔认为一旦胤禩被立为太子，自己便会随他飞黄腾达。

康熙曾在废除太子胤礽之后咨询重臣选立新太子：“于诸阿哥中，众议谁属，朕即从之。”结果，以佟国维、马齐、阿灵阿等为首的朝中重臣联名保奏胤禩。对此，康熙非常敏感，他认为这是臣子之间的拉帮结党，便立刻采取行动打压胤禩。

与胤礽向来关系较好的三阿哥胤祉查到大阿哥胤禔与一个会巫术的人有来往，胤祉把这件事上报于康熙。康熙勃然大怒，搜查胤禔时发现了胤禔用巫术镇魇胤礽、计划暗害亲兄弟的物证。后来，康熙下令将胤禔终身幽禁。

至于胤礽呢，自从被废黜了以后，他就行为失常，说话做事疯疯癫癫。在巫术事件后，康熙则更怀疑胤礽的种种不当行为是被鬼附身。而且，他因每天思念胤礽而暗自神伤，父子往昔的融洽欢乐历历在目。1709 年（康熙四十八年）十月，康熙病倒了。当日回宫，他立即召见胤礽，并谕告臣下：“自此以后，不要再提这件事了。”此后，康熙经常召见胤礽，每召见一次，心里便舒适一些。不久，康熙就复立胤礽为皇太子，并且遣派官员告祭天地、宗庙、社稷。但是，胤礽还是那个胤礽，他又一次让康熙失望了。

当胤礽再次被立为皇太子后，他的狂妄、贪婪卷土重来，甚至谋划强行让康熙离位，自己即位。康熙得知后，怒不可遏，终以“狂疾益增，暴戾僭越，迷惑转甚”的原因，再废皇太子胤礽。

纵观康熙朝，最精彩的莫过于争夺太子储君之位的故事。康熙的儿子们个个文武兼备，群龙争储，纷纷落马，最后胜出了励精图治的雍正皇帝，这才有了康雍乾盛世。

人，无论出身尊卑，贵有自知之明。贪得无厌，欲望过度，灭亡，是什么力量都不能挽救的。

第十一章

文功武略一生风景——弘历

弘历既非嫡子，又非长子，但弘历是雍正诸皇子中最出类拔萃的一位，自幼深得祖父康熙喜爱。他与祖父康熙、父亲雍正共同谱写了康乾盛世的壮丽篇章。

他是尊师重教的学生，他是博学多才的学者，他是勤政安民的政治家，他是运筹帷幄的军事家……弘历的闪亮标签有很多。

令人惋惜的是，在十八世纪，欧洲各国都在进行翻天覆地的变革，而弘历却固步自封。他陶醉于眼前的“盛世安宁”，让清朝帝国错过了与世界同步发展的机会。

“尚书房”里的皇子与帝师们

弘历天资聪颖，六岁就学，过目成诵，记忆力非凡，有过人的机智聪敏，乖巧伶俐，孝顺礼貌，后宫嫔妃们一致赞扬。

据说1721年（康熙六十年）的一天，少年弘历在父亲的带领下，到圆明园的“镂月云开”殿晋谒爷爷康熙皇帝。当时弘历非常乖巧，小嘴挺能说，深得康熙喜爱，并把他安置在避暑山庄的“万壑松风”书房亲自教诲。以后，康熙又设席懋勤殿，命儒臣徐元梦、朱轼、张廷玉、嵇曾筠四人授业。

康熙对弘历的要求非常严格，他在去世前就预言他的这个孙子有天分，“有英雄气象，必封为太子”。胤禛和父亲一样，也看好这个孩子，为全面培养这个接班人，使其成为文武全才，他费尽了心思。

弘历在尚书房读书时，主要接受的是汉族传统文化教育，四书五经、诗词歌赋、书法绘画，无一不学，加上天资聪颖，因此他对汉族传统文化有精深的造诣。十七岁结婚后，他居住在紫禁城内西二所，即位后此地命名重华宫。弘历将自己的书室命名“随安”，取“随遇而安”之意。

1730 年（雍正八年），弘历十九岁，他将自己的诗文刊刻《乐善堂集》，宫内外传播，显示了出众的才华。父亲雍正知道了以后，非常高兴。

弘历的老师有多位，雍正选了著名的大儒，使弘历熟读儒家经典，通晓传统的中国文化。弘历博考群籍，受到了良好而严格的教育。先生们的人品和修德，都影响到了弘历，他从老师的身上学到了很多做人之道。

弘历说自己的一辈子成长归功于祖父和好父亲，也归功于老师的教导。他在《怀旧诗·三先生》中写道："谓福敏：'吾得学之基'，谓蔡世远：'吾得学之用'，谓朱轼：'吾得学之体'。"

弘历的老师中，有一位重要的人物，他叫福敏。福敏是康熙三十六年的进士，雍正朝吏部尚书。他品行端正，学问渊博，是弘历的启蒙老师。

1745 年（乾隆十年），福敏病重，弘历给加太傅。听说福敏患病，弘历去看望；得知老师离世，他亲自去祭奠。他赐祭葬，并撰写碑文，以表彰启蒙恩师的功绩。

弘历的一位理学先生，是蔡世远。弘历称其为"闻之先生"，别人称之为"梁山先生"。

蔡世远给诸皇子主要讲授四书五经及宋"五子"，即周、张、二程（程颢、程颐）及朱熹的理学。他讲"必近而引之身心"，说明为人处事必需"设诚而致行"的道理。在辅导皇子学习诸史及历代文学作品时，他讲"则于兴亡治乱，君子小人消长，心迹异同，反复陈列，三致意焉。"

当时兼任太保太傅的都是一些执政的大臣，每天都忙忙碌碌的，但只有蔡世远一人每日卯时入宫，酉时出宫，十余年风雨无间。他辅导诸皇子学习，专心致志，很少参加廷议和宫廷斗争，深受雍正皇帝的赞许和诸执政大臣的好评。

蔡世远虽身居高位，但谦恭自持，淡泊为怀。所得俸禄，他省吃俭用，多半都赞助给亲族和故旧，家里的妻儿敝衣粗食，非常贫困。他在京城的家里，只有一床一帐，遇有好友来家，就让出自己的床铺，自己睡在后面的夹室里。

有一次，宫里的御医陶太常到蔡世远的家里为其妻子诊病，一进门就看到家徒四壁，床上挂的是有补丁的旧蚊帐，盖的是补丁压补丁的粗布被，非常震撼，不相信自己的眼睛，不相信在高官中还有这样清廉的大学士。他回来就告诉其他大臣，并向雍正皇帝汇报。

老师的艰苦朴素，为人贤德，给弘历树了极好的学习榜样。把弘历交给这样的老师，雍正十分放心。

1737 年（乾隆二年），弘历感念老师的高风亮节，追赠他为礼部尚书，赐祭葬，谥文勤。后又追赠太傅，写了《怀旧》诗，诏令入祀贤良祠。

朱轼这个人，实在是不简单，正直、节俭、廉洁，勤政爱民，早在康熙时期，就很好的口碑。他的官是靠突出的政绩踏踏实实一步步做上去的，从县官一直升至巡抚，再到皇帝身边的左都御史。

那一年，还是雍亲王的胤禛正在到处为儿子选老师，一个偶然的文人聚会上，认识了朱轼。胤禛仔细翻阅了朱轼写的书《历代名臣传》等著作，觉得文笔很好；又与朱轼闲聊，觉得他学问通天接地，是不可多得的一代大儒，于是决定请朱轼给儿子做老师。

后来，按照胤禛的安排，朱轼在懋勤殿设讲坛，弘昼与弘历，还有其他几个小孩子，都行了拜师礼，同时受业于朱轼。

朱轼对学生们的要求很严厉，一点都不客气，老私塾先生的做派，连打带骂加体罚。雍正也觉得过分了，很心疼儿子，就对朱轼说："教也为王，不教也为王。"

朱轼很严肃地回答："教则为尧舜，不教则为桀纣。"他也看好了弘历，照打照骂，一如平常。戒尺下，他把弘历当作圣贤帝王来培养教育。

被朱轼顶撞了，雍正无言以对。在所有的老师里，弘历最为敬重朱轼，因为朱轼非常认真，并不因为学生是皇子就放松要求，反而更加严格对待，学生只要犯了错，他一样处罚。雍正对朱轼的态度，也只能是十分认可，这样不惧皇家威严的先生，到哪里去找啊。

弘历做了皇帝后，非常感激和尊重他的老师，路过朱轼的家乡，还曾经亲自到高安问候朱轼。

学生上门来看望老师，朱轼很高兴，就用四盘二碗宴请皇帝，菜谱是：腊肉、肉皮、粉丝、闽笋四盘，猪脚或冻鱼，肉圆子或薯粉圆子为二碗。弘历不见外，吃得非常开心。

1736 年（乾隆元年）九月十七日，弘历登上皇位不久，重臣朱轼在呕心沥血一生后，卒于京城。

史传他的葬礼极其隆重，皇帝哭奠，随驾亲王、大臣行拜祭之礼，和亲王宣读祭文，规格非常高。第二年，朱轼归葬高安故里，仪式同样十分隆重。朱轼的棺材是金丝楠木的，乾隆皇帝御批打造，起灵以后，沿路从北京到高安，五十里之内，七品以上的官，都到灵柩旁来祭拜送行。

乾隆皇帝特批在朱轼的家乡建造朱轼陵园，牌坊上刻着乾隆皇帝御赐的、由当朝一品大员大学士、吏部尚书兼领兵部尚书甘汝来亲笔书写的“帝师元老”四个大字。

博学多才大兴文字狱

弘历从小就在汉文老师的教授影响下，注重弘扬满族的历史和文化传统，醉心于儒家文化的博大精深，他对汉文化也有深厚的造诣。

成年以后，他还曾到国子监为群臣宣讲儒家经典《大学》。

他崇尚风雅，喜欢寄情翰墨，其书法仿赵孟頫。十八岁开始学工笔花鸟画，曾遍临林椿、边鸾、黄筌等名家作品，山水、花草、兰竹、梅花、折枝都信手拈来。他在百忙中“万几之暇，惟以铅丹从事”。弘历也画佛像，寥寥数笔一挥而就。他写诗抒怀，琴棋书画都颇见功力。

乾隆壬辰年，六十二岁的弘历有一幅君臣合作的画，是弥足珍贵的《开泰图》。

画面上有三只羊，小羊在跪乳，母羊凝视远方，公羊低头觅食，神态各异，栩栩如生。宫廷画师邹一桂，当时任内阁学士兼礼部尚书，也是有名的花鸟画大师，他为这幅画补绘花石、山茶、梅花。弘历在画面空白处抄录他颇为得意的一篇文章《开泰说》，借用三只羊寓意“三阳”，为三阳开泰的吉祥寓意。

弘历风流倜傥，曾先后六次下江南，遍游江南名城，到处留墨，大江南北传遍了他的风流韵事与诗文。弘历巡行时，每到一处必作诗纪胜，御书石刻。凡遇军国大事，时令佳节，喜庆盛典，哀乐闲情，皆有吟咏，每天召见大臣后，或作诗，或绘画。有时还写诗赐给群臣以示宠信，带动了天下满汉文人都学习汉学儒家文化。每年元旦过后，例必茶宴廷臣，还即席命题，用柏梁体联句。许多大臣也因此精研艺文，以诗词书画获进。

弘历各种爱好和兴趣很多。他最擅长的是作诗，他的诗作非常多，有四万多首。他的有些诗在史料价值上极为珍贵，非一般文臣所能代笔。

有一年正月十六日，弘历在圆明园赐宴群臣，十五的月亮十六圆。正在酒酣之时，忽然间听到络纬声，十分惊喜，命蒋溥、开泰、刘统勋、秦蕙田、刘纶五位大臣以“春候秋虫”为题即席作诗。原来，春候，指春光明媚的季节；秋虫，指络纬、蟋蟀等秋天活跃的昆虫络纬，即纺织娘，俗名“蝈蝈儿”。每当秋夜，这些小昆虫在阶下草间不停地鸣叫。皇宫里面的络纬、蟋蟀是养育在温室中过冬。反季节，进了正月，就开始还阳，叫唤起来，弘历哪有不开心的道理呢？宴罢，蒋溥作了一幅画，将君臣唱和的诗抄录在上面。

弘历最后写诗，再让内监交有文学造诣的军机大臣看，征求修改意见，非常谦恭。弘历学问很深，他的诗中经常用典故，弘历要大臣们说出处，但是，诸大臣往往会被难倒，要回去遍查典籍，有时几天才找到出处，甚至找不到，老老实实向皇帝请教，私下里都对弘历的博学多才佩服得五体投地，怕皇帝考问对答不上。

有一次，长于史学、考据精赅的著名史家内阁中书赵翼，入值军机，随弘历到木兰围场打猎。这一天，下雨围猎，弘历写了一首《雨猎》诗，内有“著制”二字，与袁枚、张问陶（船山）合称“乾嘉性灵派三大家”的赵翼，学问也是非常高深，记忆力好得惊人，此时竟然一片茫然，不知出处。冥思苦想好几天，又很矜持，他终于想起《左传·哀公二十七年》陈子帅师救郑篇有一句“衣制戈杖”语，这才明白，原来“制”是雨衣也。学冠天下的赵翼，自愧学问不如乾隆。

又有一次，乾隆在作战命令中用朱笔添了“埋根首进”四字，赵翼见了也不知何意。好长时间后，偶读《后汉书·马融传》，才找到出处，是决计进兵的意思，一头冷汗顺脸流下。

弘历也是一位书画鉴赏大家。宫廷收藏的历代法书、名画真迹画，大部分是他收集的。收集的东西一到手，他就在书画上的题跋盖印玺。比如晋代大书法家王羲之的《快雪时晴帖》、王珣的《伯远帖》等，都是他收藏的。他命张照等文臣编辑《秘殿珠林》《石渠宝笈》两部书画录，将秘阁所藏的书画一一胪载。弘历对保护书画遗产是有天大的功劳。

弘历在启祥宫南面，建了一个如意馆。这是一座艺术馆，他招聘了宫廷画家和雕琢玉器、裱褙帖轴的工匠，养在如意馆内工作，自己也经常到馆内观看画家作画，看玉器的雕琢。每次他出巡时都带着画师，看到好处和有意义的，就叫画师画下来。

意大利画家郎世宁，来到中国以后，一直在内廷为宫廷作画。在康熙、雍正、乾隆三朝皇帝的赏识和器重下，郎世宁为皇帝画了许多御容画和他们的后妃肖像画，还画了弘历在热河行宫接见三车凌和阿睦尔撒纳，记录了当时的很多大事件。

弘历还指定宫廷画师丁观鹏、张为邦、王幼学等向郎世宁学习油画，融中西画法于一炉，弘历对引进西方画派文化交流有重要的推进作用。

像自己的爷爷康熙一样，弘历欣赏汉文化，注重笼络汉人。

在他当皇帝的六十年里，翰林院编了很多有价值的书。他开博学宏词科，招纳天下人才，下令征求捐献书籍。他用五百翰林，完成了各种官修书籍百余种，完成顺治朝开始编撰的《明史》，完成了在康熙年间编写的《大清一统志》，还完成了《四库全书》。

弘历自始至终关心编纂工作，重要的问题都亲自做决定，并经常向四库全书馆馆臣赏赐食品、文房四宝、衣物等。

乾隆元年，他就仿康熙举行了一次博学鸿词科考试。后来他六次南巡时，利用机会接见汉人知识分子十二次，途中召试各地推荐的江南士子，试以一诗一赋，一论或一策。学问大的，授予进士、举人，或者马上任为中书；是生员的，就赏给举人，准予会试。

尽管如此，还得说一说文字狱。满洲人入主中原，对汉人知识分子心怀戒备地打击报复，从顺治起就开始兴以言获罪的文字狱，毁书、禁书加上八股取士一系列举措，目的之一就是奴化汉人。

弘历自己就是文化人，是懂文化的，却屡下禁书令搞思想专制。在编纂《四库全书》的同时，弘历命对全国书籍作了一次大规模的检查，查禁、删改了许多所谓“悖逆”“违碍”书籍，毁掉了许多明朝时期汉人写的书，以及疑似反清复明但有价值的图书，为的是斩断汉人反清复明的念头。这造成了中华民族文化的浩劫。

康熙在位六十一年，搞了十余起文字狱。戴名世的著作《南山集》，被认为有“政治问题”，遭到严惩，戴名世被杀头，株连亲戚朋友几百人。五十多年以后，乾隆皇帝再次旧事重提，利用“南山集案”再兴冤狱，杀了七十一岁的举人蔡显，株连二十四人。

雍正在位十三年搞了数十起文字狱。乾隆在康熙、雍正创建的“业绩”上更甚，亲手制造的文字狱有一百三十多桩，其中四十七案的案犯被处以死刑，甚至生者凌迟、死者戮尸、男性亲族十五岁以上者连坐立斩，在清朝历代中为数最多，达到了骇人听闻的地步。其实，是牵强附会、望文生义、捕风捉影。王锡侯《字贯》案、胡中藻《坚磨生诗抄》案、徐述夔《一柱楼诗》案都是著名的文字狱大案。天下才人噤若寒蝉，无不心惊胆战。

1778 年（乾隆四十三年）年底，刘墉以劾举徐述夔著作悖逆事有功及督学政绩显著，迁户部右侍郎，后又调吏部右侍郎。这起乾隆年间规模最大文字狱的唯一赢家就是刘墉。

勤政好习惯非同常人

弘历的父亲雍正皇帝胤禛承前启后，对清王朝的康乾盛世以及存续发展有重要的影响。对培养合格的接班人，雍正煞费苦心。尽管弘历被立为太子的时间比较晚，但是很早以前雍正就已把弘历作为他内定的继承人。雍正自己最清楚不过，只不过立储之事，是在多年后才公布于世而已。

弘历跟随雍正身边，耳濡目染也学到很多管理国家的经验。父亲勤政的言传身教，弘历受益匪浅。父亲的榜样，就是他未来的模式。

弘历登上皇帝宝座时，他的祖父和父亲打下了江山，清王朝的辉煌已发展到前所未有的灿烂。他集大权于一身，军国大事国防战报需要他“乾纲独断”以示重要；繁文缛节的各种礼仪以及祭祀需要他亲临主持以示重视；朝廷内外各种奏章不断，堆积如山的大事小情纷至沓来，他要一一应对，他要一件件处理。他要对下情有一定的了解，他要把工作处理得井井有条，他要把所有官吏的积极性都调动起来，为清王朝尽忠。没有超常的智力体力，难以完成。弘历高高在上，俯视苍生，关爱民生，保护疆土。他保持着充沛精力，遇事坚决果断，显示出青年皇帝的超群智慧和君王气魄，非常完美地站立在历史的最高处。

对于这样勤政的帝王，臣下都表示了关爱和敬重。在乾隆二年的六月，八旗六部大臣向他请示：皇帝太累了，能不能可以将当奏之事择其紧要者奏闻；引见之人，择其紧要者引见，其余则等到秋凉之后？

弘历也很理解地回应说：

> 朕办理天下事务，寒暑有所不避，岂肯自图晏安？……嗣后可照常奏事、引见，不必有意减少。

他在位六十年，除了晚年有些倦勤外，一直保持这种勤于政事的奋勉精神，可敬可叹。

在军机值班的，一共十多人轮值，每晚留一人值班。恐怕第二天一早有事，一人对付不了，便分工，每日轮一人早上班相助，他们得在五更天上班，觉得非常辛苦，心里有些倦怠很不情愿。但是，当他们知道了皇帝的起居时间和勤政事实，但看到皇帝天天这么早就上朝，也就不敢叫苦了。在乾隆一朝，大臣勤政，已经是很正常普遍的风气。

平时大家根本就不知乾隆帝何时起床。大学士赵翼在 1754 年

（乾隆十九年）冬天，入值军处，他曾亲见乾隆勤政情况：弘历在卯时起床。北京的夏天，这时天已亮了；要是冬天，天还黑着。弘历从寝宫出来，每走过一门，必响鞭一声，听到响鞭依次响过，就知道乾隆圣驾已到什么宫殿了。这个时候，天还没亮。

弘历如此起早，得益于他从小读书的时候就养成的好习惯。特别是当西北准噶尔部和回疆闹事之时，紧急的军事情报到达，皇帝一定会亲自过目，如遇到紧急情况，会立即召集军机大臣面授机宜。每次都是赵翼到工作现场作记录，赵翼有时从起草到恭楷誊正，得要一两个时辰，弘历就一直在旁边，披着衣服耐心地等候，赵翼感动佩服得五体投地，哪里敢不敬业呢。

弘历当政，非常重视少数民族问题，以经营边疆、巩固国家领土作为自己不能忘怀的政治抱负。为了促进民族团结，笼络蒙、藏等民族，他提出“兴黄教，即所以安众蒙古”的著名决策。他在注意研究喇嘛教经典的同时，也警惕“元朝尊重喇嘛，有妨政事之弊”。

弘历语言能力超群，他在乾隆八年习蒙古语，乾隆二十五年平定回部遂习回语，乾隆四十一年平两金川略习番语，乾隆四十五年因班禅来谒，他学习唐古忒语（也就是藏语）。每年蒙古、回部、番部等到京觐见，他都亲自接见，而且用对方的民族语言慰问对话，不用翻译。这在古代帝王中是绝无仅有的。

他写过一首诗，就证明了他的语言天赋：

万里驰来卓尔齐，恰逢嘉夜宴楼西。

面询牧盛人安否？那更传言藉译鞮。

弘历身体状况好，体力超常，惯会养生。他每年腊月初一都到阐福寺三层佛阁上香，他八十六岁归政，岁暮大祭，不用手杖，不用人搀扶，在列祖列宗前躬亲拈香跪拜，有如常人。

他的视力也相当不错，到了老年，耳不聋眼不花，看书写字从不用眼镜。他父亲胤禛在世时，高度近视，需戴近视眼镜。1791 年（乾隆五十六年）二月，御试翰林、詹事等官，阮元都赋诗盛赞八十岁的皇帝不戴眼镜："四目何须尔，重瞳不用它"，弘历听了非常高兴。

反贪养贪掏空国库

弘历深知人才的重要性，很重视选拔人才。用人之权，从不旁落，大臣的任命，都出于他自己的裁决。他召见臣工时，往往随手记下观察得来的印象，作为日后用人的依据。

1737 年（乾隆二年），弘历发布上谕说：

> 翰林乃文学侍从之臣，所以备制诏文章之选。朕看近日翰詹等官，其中词采可观者固不乏人，而浅陋荒疏者恐亦不少，非朕亲加考试无以鼓励其读书向学之心。

他亲自出题，自少詹阱读学士以下、编修检讨以上的翰林，都要参加考试，谁都不许称病不参加，考试后他亲自阅卷不用他人，优胜劣汰，分别升降重用。

这样的考试曾举行过多次，谁都逃不过，没有真才实学，别想当乾隆的官。

自康熙以来，清代考核官吏，一视同仁，无论满汉。每三年会进行一次政绩考察，形成惯例。京官“京察”，外官为“大计”。经过吏部的考核，将不称职的官吏分年老、有疾、浮躁、才力不及、罢软、不谨、贪、酷八种，按照分类给予不同处置，以纯洁官员的队伍。

弘历把“京察”“大计”当做是荐举人才、参革衰冗的国家大事，一点儿都不马虎。在1753年（乾隆十八年）以后，他多次对在京的大小官员亲自裁定。注意解决官员及其家属的生活费问题，给京官加薪，给外官发放养廉银，使官员安心职守。对于一向不用考核的各省藩臬人员布政史与按察司，也要考绩，并传谕京官可以密折奏闻属吏贤否。

弘历的标准是，题补的官员需年力精壮，心地明白。对于到了年纪还不退休回家，占据官位、隐瞒年龄的大臣，他深恶痛绝。他认为衰庸老官是留一日即多误一日之事。

特别制定各类衰惫老官休致例和八旗武职年老休致例。1757年（乾隆二十一年）和1768年（乾隆三十三年），乾隆下令部院属官，到了五十五岁以上要详细甄别。“京察”二三等的六十五岁以上官员，要吏部带领引见；是否继续任用，要由弘历面见亲自裁定。

对于边疆办事司员，六十岁以上的就不许保送了。除漕务职司外，其他任何“亲民之官”超过年龄后均不得以任何理由留于原任。

1747年（乾隆十二年）九月，乾隆警告大臣说：

人臣奉公洁己者，首重廉隅。贪婪侵盗之员工，上侵国帑，下朘民脂，实属法所难宥。是以国家定制，拟以斩绞蓖辟，使共知儆惕。此纲纪所在。不可不持。朕因见近来各省侵贪之案累累，意欲早日整顿，庶其惩一而警百，不致水懦而宽难。

1783 年（乾隆四十八年），他规定“京察”“大计”中保举的“卓异”的官，如发现有犯赃行为，原保荐上司要受到议处。

有资料统计，乾隆一朝，在历次考核中因“不谨”“罢软”而被革职的，因“老”“疾”被勒令休致的，因“才力不及”和“浮躁”而被降黜、受处分的官员有六千多人。这着实把官员们给吓着了些。

乾隆初年，朝廷中以鄂尔泰与张廷玉为代表的满汉两派斗争十分激烈，乾隆对他们都进行严厉警告，并采取抑制手段，避免了大分裂。

乾隆一朝，太监没有高官。他非常重视对太监的约束，即位后就发表上谕，告诫太监不得越轨，最高官不过四品。太监略有放纵，许内务府总管先斩后奏。1758 年（乾隆二十三年），弘历将泄露朱批的太监高云从处以骇人的磔刑（割肉离骨，断肢体，最后割断咽喉），起到了震慑作用。

他经常训斥部院堂官和督抚的姑息养奸的坏毛病。对于滥举官员的，出了事的，被检举的，受了处分的，都严厉谴责或处分，毫不留情。1766 年（乾隆三十一年），弘历在上谕中规定，督抚妄举人员要判罪。此后，确有督抚因徇私妄荐而坐罪。

弘历希望他的臣子，文官不恋财，武官不惜命，人人奉公律己。但是，这很难。在弘历执政的六十年中，发生了不少贪污巨款案件，一些罪大恶极的高级官吏被处极刑，其中不乏总督、巡抚、布政使、按察使等高官显贵。

1781 年（乾隆四十六年），弘历破获了一起大贪要案，震惊全国。浙江巡抚王亶望，在甘肃布政使任内贪污赈灾款项，被揭发检举。受此案牵连的形形色色的官员有六十多人。最后的结果是贪污两万两以上被处以死刑的有二十二人；陕甘总督勒尔谨被赐令自尽。与此案相关连的闽浙总督陈辉祖，在查抄王亶望的家产时，以银换金，隐藏珠玉等珍品，将搜出的赃物窃归己有。事情败露后，弘历又查出他在闽、浙两省任内亏空钱粮很多，弘历震怒，令陈辉祖自尽，以谢国人，震慑贪官。

但是，贪污腐败之事依然不绝。在 1782 年（乾隆四十七年），又发生了一起大案。山东巡抚国泰、布政使于易简等人居然贪黩营私，向下属勒索钱财，以致山东各仓库亏空。弘历得报，勃然大怒！国泰是和珅心腹，和珅知道弘历动了杀机，急忙向国泰通风报信，竭力营救，也未能幸免，国泰被赐令自尽。

在弘历的执政期，为了反贪，杀了多位高官。即便如此震慑，他在身边却养了一只硕鼠，就是和珅！

弘历不是一个安分守己的皇帝，除南巡六次外，他还东巡四次，西行五次，至于奠祭于曲阜，秋弥于木兰，近游京畿，告诣嵩洛，车驾时出，不计其数。

乾隆好大喜功为人重奢靡，铺张浪费。主子带头过着锦衣玉食般的生活，影响整个社会风气由俭入奢，一改雍正的清廉。满洲亲贵，汉族官僚，大地主、大商人，一个比一个奢侈淫糜。

有时候，弘历自己也认为过劳民力，1781 年（乾隆四十六年）曾著《知过论》以自箴，承认糜费太大。

伶俐机敏的和珅善于揣摸和迎合弘历的心意，他为老年的弘历提供财源，还能忍辱负重，替皇帝背黑锅。在乾隆后期，和珅深得弘历的倚重和信任。和珅揽权贪污受贿，对依附自己的人百般庇护；对不肯依附自己的人进行陷害，往往故意激起弘历发怒。地方官每给皇帝进贡，同时会孝敬和珅一份，和珅逐渐积累起了巨额的家产。

朝内大官僚都倚仗和珅为后台，剥削其下以供所欲。盐政和河工都是当时的肥缺，因为和珅贪得无厌，遂逐渐陷于困境。以弘历的奢靡，加上和珅的贪婪，吏治腐败乃是必然的。可以说，弘历和和珅，实际上是官场贪污之风的根源。

乾隆崩了，和绅也跟着倒台。嘉庆上任，先拿和珅开刀，查抄了他的家产折合白银九亿两，这相当于当时全国十二年财政收入的总和。

天下人无不咋舌。

第十二章

长在深宫不思变——永琰

永琰从父亲乾隆皇帝手里接过了一个“烂摊子”，他背负历史重任，治国二十五年很不容易。他治学严谨，治国勤俭；他为人谨慎和善，处事思维缜密；他举止冷静有度，韬晦智谋，也做了很多利国利民的好事。

和绅扳倒，嘉庆吃饱；朝廷重病，他非良医。人祸、天灾，洪水猛兽，蠹虫腐蚀的大厦内外交困，清朝社会的固有矛盾已经积累了一百八十年，永琰扮演了清朝由极盛转向衰败的历史角色。

嘉庆帝就这样出生

承德以北二百里的木兰围场，乾隆皇帝全副武装正在狩猎，突然间接到六百里加紧快报。原来，三天前在北京西北圆明园的绮春园，弘历的第十五个儿子出生了。

皇帝的儿子一个接一个地出生，因此，这位庶出的小皇子并不显眼，地位也不突出。按照辈分排名，乾隆皇帝给这位抓住龙尾巴出生的小皇子赐名永琰。谁都不会想到，君临天下的命运会轮到这个小孩的头上。

1760 年（乾隆二十五年）除夕夜，乾清门前的广场上，火树银花，焰火把北京城的夜空都照亮了。新鲜的玩意儿，把百姓的心都闹得痒痒的，希望年年有今日，岁岁有今朝，天天看烟火，就像皇帝的第十五子的名字“永琰”一样。

太监、宫眷们簇拥着乾逄回到了养心殿东暖阁。这时候，接神的鞭炮噼里啪啦地响过，皇宫守岁过了零点，宫内外一片欢呼，又是一年来到了。

这天，是蛇年的第一天。蛇，也是龙，小龙。按照皇宫的习惯，正月初一的第一天，皇帝要开笔的。乾隆背着手，各宫皇子妃嫔都陆续来到，花团锦簇，头饰鲜艳，春风满面，排队等候皇帝赐给春联中堂。

秉笔太监恭恭敬敬地展开上好宣纸，递上御用狼毫，请皇上开笔祝吉。秉笔太监高声报名：关雎宫“宜入新年，万事如意”；承乾宫“吉祥如意”；翊坤宫“三阳启泰”；永福宫“雪兆丰年”……

随着太监的报声，一个个嫔妃拿到了想要的赐字，宝贝似的捧回了墨宝。乾隆的御笔如同雪片一般，纷纷被各宫后妃与皇子“请”走了。乾隆把福音传遍了他的家族。

最后，只剩下了一个女人，怯怯地等候在那里，他仔细端详，才想起原来这位就是刚刚生下第十五子的贵人魏佳氏。乾隆摸了摸下巴，写了一首诗送给她，其中一句是：御绘岁朝图志语，有以迓新韶嘉庆。

“嘉庆”！

几十年后，永琰登基，主宰中国命运二十多年，他的年号就是嘉庆！冥冥中，乾隆已经给永琰御制了年号。

永琰是庶出，母亲魏佳氏是个“贵人”，身份等级不高。但魏佳氏因为容貌入眼，皇帝招幸多，一生共生了六个孩子，其中四个儿子，两个女儿。儿女生得多，母以子贵，所以升为贵妃。

永琰十五岁的时候，她母亲病逝。1795 年（乾隆六十年），三十五岁的永琰被册立为皇太子的时候，母亲魏佳氏被追封为皇后。

清宫皇位继承，不同于汉人选拔和培养接班人的办法，曾推选过罕王，预立储君立嫡长、秘密建储、懿旨确立嗣君等。

弘历即位后，在 1736 年（乾隆元年），秘密册立六岁的嫡长子永琏为太子。没有想到，这个孩子命不好，八岁的时候就死去了。谥号为“端慧皇太子”。

第一个嫡子没了，还有第二个嫡子永琮呢。谁知，在1747年（乾隆十二年），永琮也死了，才两岁。孝贤皇后富察氏所生两位嫡子接连早夭，弘历很伤心。

一年后，1748年（乾隆十三年），皇后富察氏随乾隆帝东巡，在济南染病，病死途中。弘历十分伤心，立即终止东巡，提前回京。他与富察氏皇后感情很深，她死了，弘历悲痛欲绝，他曾作诗追悔：

廿载同心成逝水，两眶血泪洒东风。
早知失子兼亡母，何必当初盼梦熊。

放下了御笔，仍然悲哀，回头一看，长子永璜和三子永璋居然毫不在乎，表现不够伤感。弘历勃然大怒，认为他们没有资格当太子，剥夺了这两位皇子立储的机会，遂迁怒于庶出的皇长子永璜。

永璜受了这场打击，又怕又委屈就病倒了。一年之后，医治无效，已无生机。弘历去看永璜，永璜痛哭失声：“儿子不能送父皇了！儿子不能送父皇了！”

后来，弘历在悲痛万分之中把永璜赐为亲王，以亲王之礼安葬。此后，虽然他多次南巡，却不再进入济南城，怕的是触景生情，想起皇后和他们死去的孩子。

永璜忧惧而死，立储的事让弘历伤透了心，怎么这样倒霉，他立谁，谁死。他命令大臣不准再提立储之事。

转眼到了1773年（乾隆三十八年），六十三岁的弘历已经没有任何理由回避立太子的问题了，这个时候，还活着的皇子只有六位了。其中，又有两个过继给了兄弟，所以有资格被选太子的只有四位：皇八子永璇、皇十一子永瑆、皇十五子永琰、皇十七子永璘。

皇八子永璇聪明绝顶，好诗好画。但是，永璇自由散漫，很具文人气质，还是一个跛足。有一次，永璇奉旨祈雨，耐不住坚持，最后索性不祈了，扬长而去。乾隆皇帝闻讯后大为恼怒，屡加训斥。

皇十一子永瑆多才多艺，精通书法，一般人求不到他的字。据说，他的书法造诣排得上大清三百年书法家前五名，清东陵裕陵乾隆皇帝陵前的神功圣德碑的碑文，就是他书写的。

有一年的夏天，永琰拿着一把永瑆画的扇子，摇来摇去纳凉被乾隆帝看到了，永琰回说"镜泉"是永瑆自己起的字号。弘历勃然大怒，大骂他附庸风雅，忘记满洲尚武之风，实为忘本，下令以后皇子一律不得自署字号。随即在乾清宫召见大学士、军机大臣和诸皇子予以申斥，认为这种诗画题咏是受汉文师傅影响的书生习气，"以别号为美称，鄙俗可憎"，如不知省改，相习成风，"其流弊必至令羽林侍卫等官咸以脱剑学书为风雅，关系国运人心"。他命人将这一番话录出贴在尚书房，使皇子们知所警惕。

永瑆是一个吝啬鬼，过日子很节省。他府中有库存几十万两白银，但他的家里每天喝粥度日。一天，他的一匹马死了，他不让人把马埋了，叫整个王府的人都吃死马肉。于是，永瑆逐渐成了王公取笑的对象。他死在1823年（道光三年），临终拒绝家人为他洗净身体，他说："死后入土腐烂，比现在还脏，谁替我擦洗干净?”

皇十七子永璘。在乾隆三十八年择储的时候，永璘年仅八岁，在才华横溢的哥哥们身边尚未崭露头角。成人后，他也是一位自由散漫的王爷。

皇十五子永琰少年老成。他自制力强，起居有常，举止有度，学习勤奋，办事认真，非常理智，从不逾规矩一步。他品质“端淳”，生活俭朴，为人谦逊，特别是富于同情心，待人十分真挚，善于为他人着想。这是最让乾隆欣赏的。他武功骑射在皇子当中也是首屈一指。

在1765年（乾隆三十年），皇帝南巡走到杭州，看到了美丽的景色，大家都作诗风雅，六岁的永琰也作了一首《咏龙井》的小诗，其中有一句“泉雷忽疑雨，竹春不知秋”。乾隆一看，还不错，身边的大臣也交口称颂。

在1773（乾隆三十八年）冬，弘历按照雍正皇帝胤禛定下的规矩“秘密立储”，他书写了立储谕旨，将谕旨藏在一个硬木匣子里，再命人将匣子放于乾清宫“正大光明”匾后。

1795年（乾隆六十年九月初三日），弘历八十五岁了，这二十二年，“正大光明”匾后面的秘密，一直被大臣以及后宫猜想。在圆明园的勤政殿，弘历召见皇子皇孙及王公大臣等人，当众开启了密封的鐍匣，把那个秘密拿了出来，恪守自己以往的誓言，下诏公布，他已经册立永琰为皇太子，对其改名颙琰，命他即日移居紫禁城内毓庆宫。

这年年底，弘历决定将皇位禅让给皇太子，以明年为嘉庆元年。和坤等大臣极力劝阻，弘历却心意已决。

他说：“我二十五岁时继位，当时曾经对天起誓，如果能够在位六十年，就一定自行传位给皇太子，不敢与皇祖的在位年数一样。现在我在位已经满六十年，不敢食言，决定禅位与皇十五子颙琰。他如一时难以处理朝政，由我训政。”

经过不到两个月的准备，一切就绪。

1796年（嘉庆元年）大年初一，百姓还沉浸在年味当中，走家串户大拜年。随着瑞雪飘飘，又一件大喜事来临了。

一场历史罕见的皇帝禅位大典正在举行，场面非常庄严、十分的壮观。弘历率领颙琰和王公大臣到堂子、奉先殿、寿皇殿行礼毕，又来到了太和殿宝座。朝鲜、安南、暹罗、缅甸等属国也都派使臣团队前来朝贺观礼，站在大殿之外。文武百官，分班肃立在丹陛之下，文东武西，一目了然。

太和殿内，御座的东侧，设一个御案，案上放着传位诏书和一颗皇帝的传国玉玺。八十六岁的乾隆皇帝，胡须雪白，身体健壮，仪态威严，潇洒依旧，他迈着六十年如一日的步履，像往常一样，一步步地走上了上御座，在皇帝位上坐下。皇太子颙琰恭恭敬敬地立在乾隆的西侧。

和珅高声宣读传位诏书毕。午门上钟鼓齐鸣，丹陛大乐奏响。

众人齐唱颂歌：

御宇六旬，九有浃深仁。

勋华一家禔福臻，岁万又万颂大椿。

文武圣神，帝夏皇春！

之后，应该是弘历亲自传授玉玺了。但他一改以往的办事风格，很不干脆，这枚玉玺他已经用了六十年了，一旦交出，还有点不舍。弘历在片刻犹豫后很慎重地将传国玉玺授予嗣皇帝。颙琰跪受，颁诏宣示中外，改元嘉庆。

授玺后，礼部鸿胪寺官员站在天安门城楼宣旨，恭宣嘉庆帝钦奉太上皇帝传位诏书，金凤颁诏，宣示天下，举国欢庆，大赦天下。

弘历完成了历史使命，成为了太上皇。弘历在禅位退为太上皇帝后，并没有颐养南宫，优游无为，仍居住在养心殿掌控朝政。老规矩了，他命宫中时宪书仍用乾隆年号，继续用起居注官撰写太上皇起居注，一如既往批阅奏章。太上皇还是自称“朕”，太上皇谕旨还是“敕旨”。若有重要军国大事以及官员任免，还是由太上皇亲自指导处理，新授府道以上官员，都要到太上皇前谢恩。太上皇每天还要对皇帝“训谕”。

每逢谒祖陵、祈雨、赐宴，在紫光阁阅觇武举骑射或是到热河行宫避暑，顺琰只是随侍在侧。每届朔望，颙琰还要去朝见太上皇。

归政后，凡遇军国大事，用人行政诸大端，一一过问，因为他身体还好，体健如常，精力充沛，躬亲指教嗣皇帝，叫儿子“朝夕敬聆训谕，随同学习”。弘历十分注意对皇子的教育，要求皇子读书“定要讲求大义”。

刚刚过了上元节，太上皇在圆明园召见属国使臣。

这天是正月十九日，太上皇告谕：“朕虽然归政于太子，大事还是我办。”史书记载，属国朝鲜使臣向国王汇报说，嘉庆帝特别孝顺，“侍座太上皇，太皇喜则亦喜，太皇笑则亦笑”。

弘历刚一让位，白莲教兴起，湖北、四川多处发生农民造反暴乱，波及川、陕、鄂、豫、甘五省，先后有数十万之众参与，势不可当，如火如荼。弘历毫不怠慢，立即分兵镇压各路叛军。但是，在同仇敌忾的造反者面前，清军多半吃败仗。

和珅怕影响太上皇的心情和健康，对弘历往往报喜不报忧。年迈之人了，太上皇的身体逐渐衰弱，小弘历三十五岁的和珅此时正当壮年，逐渐成了一人之下，万人之上的权臣，什么都是他说了算，架空了弘历。嘉庆十分气愤，心里暗暗地下了杀机。

五世同堂的乾隆太上皇有一个孝顺的儿子，还有一个能干的和珅替他处理国家大事，自己把心思放在了儿孙身上。渐渐地，他已经不能控制朝政，反倒是和珅得意忘形为所欲为。

永琰和他的老师们

清王室虽然是满洲人，但他们很重视汉文化。因此对皇子的文化教育程度，不比汉人差多少，甚至有过之而无不及。

弘历教育皇子“有裨于立身行己”，反对“寻章摘句”，尤其反对“唱酬题赠”。他认为，“善词章，工书法，不过儒生一艺之长”；“皇子诞育皇家，更应当崇尚本务，国语骑射，尤当勤加肄习，方是正道。”

一般皇子满六岁，开裆裤还没有缝上，流着鼻涕，就得进入尚书房拜师学习，很少有机会玩耍。

当时入值内廷的史学家赵翼，记录过皇子们一天的学习和生活：

余内值时，届早班之期率以五更入，时部院百官未有至者……则皇子已经进入书房，每日均有课程。未刻毕，则又有满洲师父教国书、国语及骑射等事，薄暮始休。

皇子们起早贪黑地学习，传承满汉文化，从早晨天不亮到夜幕降临，学习很艰苦，超过一般幼童。他们又不同于寻常孩子，而是未来管理国家的一群精英栋梁之才。

培养栋梁的老师们，是当朝官宦中知识最渊博的大学士，也是皇帝千挑万选的品学兼优信得过的忠臣，同时是国家的栋梁之才。

永琰六岁即到了尚书房从师受业，他先后得到过多位老师授业，如鄂尔泰、张廷玉、朱轼、福敏、徐元梦等等。琴棋书画，陶冶性情，涵儒德义，日亲宿儒，可勤力学。

其中有一位老师比较突出，他叫朱珪。

朱珪从政五十余年，深受乾隆赏识，乾隆认为他不惟文好，品亦端方，智商也很高，就选朱珪做二十岁的皇十五子永琰的老师，进行特别培养。大概，这时候永琰已经是乾隆心里的储君，乾隆有心重点培养了。

1776 年（乾隆四十一年）的夏天，朱珪开始教授永琰，对于为什么叫他来教授永琰，乾隆与朱珪心照不宣。朱珪不但教授了永琰文化知识也教会他如何修身养性，还向他讲帝王之道。师生两个人谈得拢，算得上是忘年交，他们之间的感情很深。

朱珪和永琰都知道，他们一直处在乾隆帝的严密监视之中。所以，师生二人为人做事非常低调，连话都很少说，特别小心谨慎。

那是 1779 年（乾隆四十四年）秋天，一个成熟的季节，按照惯例，又是三年的秋闱到了，各省举行乡试，朝廷都要派主考官赴各省考场监督，为朝廷选拔人才，朱珪奉命临时提督福建学政。临行前，老师赠学生五箴十个大字：养心、敬身、勤业、虚己、至诚。

永琰赋诗一首赠送恩师，惜别之情跃然纸上。诗中道：

……玉尺抡英奇，裒采辉南丰。硕儒振士风，学艺焙醇厚。行旌饬河染，驰赴琨瑶阜。三在坐春风，半岁别云久。心怀去路遥，目极天涯有。燕落远浦沙，风送长亭柳……送君歌骊驹，离情倩谁剖。

从诗中可以看到，这种赞美和交情超越了师生情谊，而是挚友分别。

过了一年，朱珪再度奉命远行，赴福建出任学政了，由于这次不是临时的差事，永琰的离情别绪就更显得深厚与强烈了。平时永琰没有什么朋友可以交际，老师教给他很多的为君之道以及韬光养晦之术，这对于永琰的一生有很大的影响。在老师赴任前夕，永琰深情撰成长律六章送别老师，其中有："欲去难留可若何，片言相赠耐吟哦"的诗句。

1790 年（乾隆五十五年）乾隆八旬大寿，也是朱珪花甲之年，嘉庆竟不顾避讳，在贺诗中忘情地把父亲和老师联在一起。

圣主八旬岁，鸿儒花甲年。三天德夙著，五福寿为先。律转德浃辰，辛占二百前。……吏铨资重任，台鼎待名贤。文笔超韩柳，诗才贯道禅。早锺爪牍盛，不使葛藤牵。设醴诚难罄，尊师敬独尊。期颐长颂祷，如阜更如川。

“尊师敬独尊”，反映了永琰与朱珪的真实感情。

永琰还有一位老师潘廷楷，他曾经为这位老师题过词。

潘廷楷自幼聪明过人，饱读经书，在 1736 年（乾隆元年）中举，成为丙辰科试举人。1742 年（乾隆七年），潘廷楷登“明通进士”，此后例授修职郎为文林郎，任南海知县。1742 年的下半年，乾隆皇帝考察官吏的政绩，发现了潘廷楷知识渊博，人品很好，马上传旨将潘廷楷调入宬，任太子皇孙督教。

他尽职尽责，非常敬业，待皇子如同亲子。日子就在平平淡淡中过去。没有想到，好多年后的一天，就出了一件事情。

小皇子永琰在书桌上打瞌睡，脸蛋上落了一只苍蝇，潘廷楷看见便用双手合掌驱打苍蝇，不料他的长指甲无意中划伤了永琰的脸蛋。殿内侍卫得知后便禀报皇上。

这天，皇子们没有上课。乾隆就问，为何没有上课？永琰就说：先生的手都包上了，不能来上课。皇上传旨，叫来了潘廷楷。看到潘廷楷的双手鲜血淋漓，大吃一惊，忙问出了什么事情。潘廷楷痛哭流涕叩头道：“皇上要臣把指甲抽了，臣的指甲便被拔去了。”

原来，皇上让潘廷楷“修甲”便了，然而侍卫却趁机陷害潘廷楷，把“修甲”说成“抽甲”，潘廷楷的十个指甲被生生地抽去。

乾隆勃然大怒，杀了侍卫。但失去手指甲的潘廷楷，不能教学，怕吓坏了皇子们，自己请辞回乡。失去了好老师，无可奈何的乾隆，赐给罗伞一把，锦帐一顶，放潘廷楷回家。老师走了，永琰哭了好几天。

潘廷楷回家后，把所有的积蓄都拿出来，在羊石村建起一座名叫锦江楼的大宅，教授岭南潘氏宗亲后辈。

和珅扳倒嘉庆吃饱

很多人在评价嘉庆时，认为他与康雍乾皇帝相比，既无政治胆略又缺乏革新精神，是一个既没有理政才能又缺乏勇气的平庸天子。

嘉庆朝是清朝由盛转衰的时代：上承“励精图治，开拓疆宇，四征不庭，揆文奋武”的“康乾盛世”，下启鸦片战争，南京签约，联军入京，帝后出逃的“道咸衰世”。

乾隆老死，嘉庆终于从乾隆手中接过了权力，也同时接过了在“康乾盛世”外衣下掩藏的帝国危机，当务之急就是解决和珅问题。

太上皇辞世第二天，嘉庆就一举粉碎祸国殃民的和珅集团，破获大清立国以来最大一桩贪污案。在王杰、董诰、朱珪、戴衢亨等贤臣廉吏辅助下，嘉庆踌躇满志地全力整治吏治，消弭社会动乱。他提倡精简节约，蔑视玉石古玩，一反乾隆奢华陋习，开大清一代帝王简朴的先河。

可是，国库已经空了。这就不得不说到和珅这个乾隆的宠臣。

1770 年（乾隆三十五年），和珅二十五岁，参加了顺天府乡试，没有考中举人。但和珅因为出身满洲，相貌俊雅，做事又聪明机敏，就被选宫廷三等侍卫，可以出入宫廷。后来，他渐渐得到了皇帝的宠信，官至领侍卫内大臣、议政大臣、文华殿大学士、首席军机大臣。他权力很大，一人之下，万人之上，俨然是“二皇帝”。

永琰当皇子时，被定为储君。和珅密知此事，在乾隆公布嘉庆为皇太子的前一天，他送给永琰一柄玉如意，暗示自己对嘉庆继位有拥戴之功。他实在是错误地估计了永琰，哪里知道这个永琰根本就是自己的最大敌人，看起来无动于衷的永琰，此时是笑在脸上，恨在心里。

永琰继位后，太上皇乾隆仍未彻底交权。依然受宠的和珅，错误地估计了形势，以为乾隆还可以继续统治千秋万世，他在乾隆和嘉庆之间玩两面派游戏。和珅想依靠太上皇乾隆限制嘉庆皇帝的权势，又一面讨好嘉庆皇帝防止嘉庆日后报复，一面培植任亲信党羽。

和珅的言行举止，永琰看在眼里，不动声色。

有的大臣在皇帝面前历数和珅的过错，永琰微微一笑说："人才难得，太上皇是为朕准备的治国栋梁之才！"他的话令人捉摸不透。

1796 年（嘉庆元年），永琰即位时，他的老师朱珪当时任广东巡抚，向朝廷上了封表示庆贺的奏章。

乾隆思前想后，为真正地让位给永琰做人才上的准备，他下旨召朱珪回京，升任大学士。

永琰知道以后非常高兴，自己的老师马上就回到自己的身边了，写诗向老师表示祝贺。和珅看到了这首诗，觉得师生这一唱一和有猫腻，他寻思这是搞臭嘉庆的机会来了。

这一天，和珅趁颙琰不在太上皇的身边伺候，就报告乾隆说："太上皇啊，嘉庆皇帝为了笼络人心，把太上皇对朱珪的恩典，算到自己身上了。"

乾隆问身边值班的军机大臣董诰："这该怎么办？"

董诰看了看站在一边死死盯着自己的和珅，恭恭敬敬回话：“圣主无过言。”

和珅的眼珠子一转：“那也不能白白地放过朱珪，太上皇可将朱珪从两广总督降为安徽巡抚。”

董诰说道：“太上皇，朱珪没有过错。”

尽管有董诰仗义执言，可朱珪还是被降为安徽巡抚了。

和珅还不甘心，把自己的得意门生吴省兰派到嘉庆身边，帮助皇帝整理诗稿，刺探嘉庆的言行，嘉庆岂会看不透呢？而且，一个整理诗稿的生员，又怎么会是嘉庆皇帝的对手呢？和珅自作聪明，作茧自缚。

乾隆崩后，嘉庆帝颙琰亲政，他在办理大行皇帝乾隆大丧期间，采取断然措施，快刀斩乱麻，仅仅半个月，就把和珅彻底收拾了，举朝上下，大为震惊。

乾隆驾崩的当天，嘉庆命和珅与睿亲王等一起总理国丧大事，昼夜守灵，不得擅离，切断他们与外界的联系。同时八百里加急，传谕他的老师署安徽巡抚朱珪来京供职。

接着，嘉庆发出上谕谴责在四川前线镇压白莲教起义的将帅冒功，并借此解除和珅死党福长安的军机处大臣职务，削夺了和珅的首辅大学士、领班军机大臣、步军统领、九门提督的军政要职。

然后，在嘉庆的授意下，给事中王念孙等官员纷纷上疏，弹劾和珅弄权舞弊，犯下大罪。

很快，嘉庆宣布将和珅革职，逮捕入狱。嘉庆命令从即日起，所有上奏的文件，都要直接向皇上奏报，军机处不得再抄录副本，各部院大臣也不得将上奏的内容事先告诉军机大臣。

嘉庆命各直省和在京官员并通报各省督、抚大员，就和珅事向朝廷表态。

直隶总督胡季堂在奏折中指责和珅丧心病狂、目无君上、蠹国病民、贪黩放荡，真是一个无耻小人，请求将其“凌迟处死”。

嘉庆立即把胡季堂的意见定下基调，批示在京三品以上官员讨论这个意见。

次日，在公布乾隆遗诏的同时，将和珅、福长安的职务革除，下刑部大狱，命仪亲王永璇、成亲王永瑆等，负责查抄和珅家产，并会同审讯。

嘉庆御批“实力查办以副委任”，全面清查和珅大案。

在初步查抄、审讯后，嘉庆宣布和珅二十大罪状，主要有欺骗皇帝、扣压军报、任用亲信、违反祖制、贪污敛财等。

随后，在京文武大臣会议，奏请将和珅凌迟处死，将同案的福长安斩首，并革去军机大臣、户部尚书职，逮下狱，籍其家。

《上谕档》中记载：嘉庆谕示“和珅罪有应得”，考虑到他曾任领班军机大臣，为了朝廷体面，嘉庆皇帝赐给他的三尺白绫自裁。和珅在狱中哀叹：“对景伤前事，怀才误此身。”

嘉庆通告大臣说，和珅得罪的是先皇，所以要在皇父大丧期间，处治这个先皇的罪臣。

和珅被诛后，其党羽皆惶恐不安。有的朝臣上疏，力主穷追其余党。

嘉庆并没有这样做，而是在除掉和珅后，马上收兵。对和珅的亲信，除伊江阿、吴省兰、吴省钦等人给予处分外（和琳已死），其他由和珅保举升官者或给和珅送贿者，概不追究。

嘉庆宣谕：“凡为和珅荐举及奔走其门者，悉不深究。勉其悛改，咸与自新。”此谕一下，人心始安，政局稳定。

嘉庆对和珅的惩治，动作迅速，干净利索，宽严适当，十分成功。这是嘉庆皇帝一生处理重大政治事件中最为精彩的一笔。

嘉庆把吏治腐败当作心腹之患，革降了一批官吏。但是，嘉庆越是深究，发现问题越大，特别是许多案子还牵扯到乾隆。他不愿意触及有损父亲声誉的事，瞻前顾后，他已经不能按照自己的愿望整顿吏治了。

盛世风光不再来

永琰修养极好，同他的祖父辈皇帝一样，他的文学、诗歌、书法、绘画都堪称一流。儒家仁爱的思想在他的身上表现得非常突出，比如，在处理和珅的问题上，首恶必办，协从不问。

这时候，嘉庆正面临着南方的白莲教，京畿的天理教，东南海上的骚动，采矿的封禁，钱粮的亏空，八旗的生计，鸦片的流入，河漕等等难题和社会危机，这一切急得他焦头烂额。

嘉庆皇帝认为：此乃“汉、唐、宋、明之所未有”，“从来未有事，竟出大清朝!”

嘉庆思前想后，认为是皇宫里的树木坏了风水，阴气太重，下令将宫内树木全部伐掉。后来的几任皇帝遵从祖训，也不重新种植树木，致使今日故宫古树罕见。

南方的白莲教与京畿的天理教猖獗，平定白莲教之后，劳累操心的嘉庆非常痛楚，他有诗感言：

内外诸臣尽紫袍，何人肯与朕分劳？

玉杯饮尽千家血，银烛烧残百姓膏。

天泪落时人泪落，歌声高处哭声高。

平时漫说君恩重，辜负君恩是尔曹！

万千感受，尽在其中。嘉庆这位“仁君”，仁爱有余，他哪里不知道百姓的不容易呢？

他禁止西洋人潜居内地，并禁止老百姓习天主教。下令查禁西洋人刻书传教，检查销毁经卷。移闲散宗室于盛京居住，造屋给田给银。准驻防子弟从丙子科起，应各省文武乡试。命开垦伊犁、吉林荒地。批准两广总督蒋攸铦“防闲策”，严禁民人为洋人服役，洋行不得私盖夷式房屋以及清查商欠等各项具体规定。嘉庆申严贩运鸦片烟律，定食者并罪。加强保甲制度，十家为牌，有形迹可疑之人即行首报。

在外患外交中，嘉庆推行老祖宗闭关锁国和重农抑商政策，对英国侵略者在沿海的骚扰活动保持了高度警惕。他拒绝了英国提出的建立外交关系、开辟通商口岸、割让浙江沿海岛屿的要求。虽然他努力维护朝廷的稳固，但清朝大势已去。

1820 年（嘉庆二十五年），嘉庆暴亡。

嘉庆崩于避暑山庄，急匆匆地，他就把治理腐败、鸦片、水患等国家大事，留给了未来的储君。

第十三章

捉襟见肘俭治国——绵宁

绵宁一生崇尚节俭，他在反腐倡廉方面堪称帝王楷模。他衡量大臣能力和品德的标准是反腐败、比节俭。绵宁惩办贪污、整顿吏治、治河通海运、允许开矿、增加税收……为了他的国家，他的王朝，绵宁一直在努力。

他是封建王朝里教育出来的传统皇帝，却面临了近代西方先进生产力的冲击。落后就要挨打，历史前进的车轮无法阻挡。

皇子绵宁的恩师

清朝的皇帝们都非常重视皇子教育，看着渐渐长大的儿子孙子们，在位的皇帝时刻斟酌哪一位将来可能就是继承人。他们不放松孩子的学习，有时候会突然袭击到尚书房来抽查，生怕师傅们要求不严格。

就在皇长孙绵宁七岁的时候，乾隆皇帝弘历渐渐地发现有的师傅居然找理由擅自停课，他就将这些重臣分别处以降职、革职等处分，特别是对满族师傅更加不客气，每人又被重打四十大板。这件事儿轰动了北京城。皇子们在深宫尚书房之中刻苦学习，长成青年、中年……

乾嘉时期著名史学家赵翼曾在军机处值夜班，他经常看到皇子们披星戴月、秉烛夜读的一幕，他毫不夸张地记录下他的见闻。他非常感慨地说：“我们这些靠读书挣饭吃的人尚且起不了这么早，何况人家天生富贵的皇子日日如此！怪不得人家文武双全，琴棋书画样样精通。”他认为：“我朝谕教之法，岂惟历代所无，即三代以上，亦所不及矣！”

1791 年（乾隆五十六年）秋，绵宁初次随祖父乾隆皇帝扈行围猎威逊格尔围场，十岁的绵宁居然射得小鹿一只，围场之上欢声雷动。八十岁高龄的乾隆兴高采烈：他自己在十二岁时曾经射杀过一头熊，现在十岁的孙子绵宁也能射死一头鹿，江山后继有人了。

乾隆说要赐绵宁黄马褂一袭、翠翎一支。但是没有十岁孩子可以穿的黄马褂，绵宁就跪在地上不起来，怕他爷爷赖账。乾隆就让人拿来了成年人的黄马褂给他穿上，但裾长拂地，不能走路了，顿时笑声一片。乾隆还为此做了一首诗，有“老我策骢尚武服，幼孙中鹿赐花翎”之句。

为绵宁授读的是翰林院编修秦承业和检讨万承风，当然还有其他的大学士。

成年以后，绵宁又与礼部右侍郎汪廷珍、翰林院侍讲学士徐廷页“朝夕讲论”。汪廷珍为嘉、道年间名臣，史传称其风裁严峻，立朝无所亲附，学问渊博。绵宁对汪廷珍十分敬重，称其讲学“非法不道，使朕通经义、辨邪正，受益良多”“于师道、臣道可谓兼备”。

绵宁所受的传统教育是十分严格而系统的，而且似乎也颇以此自诩。他当上皇帝之后，常常在文华殿的经筵上侃侃而论儒家经典。

嘉庆给太子绵宁请的另一位老师祝庆藩，博学多才，清正廉明，德高望重。他一生把吏部、户部、兵部、礼部、刑部、工部这六部门工作干了个遍，经验丰富。他勤劳肯干，在每个职务上都有建树，在同僚间口碑极好，朝野敬仰，也深得嘉庆皇帝的赞赏。

祝庆藩留下了关于太子教育的一些逸闻。

话说有一天，皇后钮祜禄氏来尚书房，正巧遇见绵宁被罚跪，上首书案旁正襟危坐着祝太傅。

只听见老头在十分严厉地教训绵宁：“白屋出公卿，富贵出饿殍！古圣贤身居陋巷，箪食瓢饮，囊萤映雪，凿壁偷光，身处逆境，发愤读书，逆流而上……”

绵宁回说：“老生常谈。”

老头说：“你身处富贵，处境与其相比是天壤之别，读书学习也是天壤之别！”

皇后很生气，对祝庆藩说“吾儿学亦为君，不学亦为君”。

祝太傅掷地有声，朗声说道：“学则为尧舜之君，不学则为桀纣之君。”

皇后无语，心里对老头的话很赞成。不读书，不知立身；不读史，不知兴衰。皇后哪里不知道这个道理啊？但是还是很心疼孩子：“皇子年幼，怎么受得了？”

祝太傅说：“一年之计在于春，一生之计在于少！业精于勤而荒于嬉！春色宜人，正宜记书。娘娘千岁心疼太子，怕其发闷，放纵他戏嬉，与其说是爱他，倒不如说是害他！”……

祝太傅引经据典，滔滔不绝，慷慨陈词，句句中肯，皇后甚是感动：“绵宁，愿为尧舜之君呢？还是愿为桀纣之君呢？”

绵宁表示悔改：“儿臣知错。”

皇后默默地离开了。

绵宁还有一位启蒙恩师刘奕煜，他通览古典，博学多才，书法译文颇有造诣，是当时翰林院出类拔萃的名流学士，参朝议政。

刘奕煜的才华深受嘉庆皇帝赏识，他二十多岁时就成为绵宁的侍读，成为他的老师。

刘奕煜在毓庆宫书房侍读的日子里，以培育治理天下的明君为己任，他精心备课，认真讲解，全力伴读。教授的课程有《朱子家训》《庭训格言》，还有《四书》《书经》《圣谕广训》《御批通鉴辑览》等皇家家训。

绵宁继位以后，成为了高高在上的道光皇帝，他对刘奕煜十分器重，不仅任他为河南、江西道监察御史，后又提升他为户科掌印给事中、兵科给事中，成为当朝显赫的治国要员。

刘奕煜刚正不阿，清正廉明。任职期间，他一连收到两封家书，得知庆阳各州、县发生罕见的灾荒，田禾无收，饥民载道，逃荒乞讨者不计其数。他不敢怠慢，便将实情上疏皇上。

道光下旨，命户部发放数万银两救济灾民。然而，救灾银两却被级级折扣，层层贪污，到民间已不足半数，仍不能解决百姓的困难。

家乡的百姓又报告给刘奕煜，刘奕煜的眼睛容不得沙子，他立即奏明皇上。道光很生气，命都察院调查，结果拔出萝卜带出泥，弹劾处理了贪官污吏，追回了银两，在全国引起很大震动。

但刘奕煜却因此得罪了人，成为众矢之的，他被那些贪官恨之入骨。终于有一天，他被一奸佞之臣请去赴宴，被下了药慢性中毒，百余天后暴病身亡。道光帝听到噩耗，痛哭失声，下旨厚葬表彰，并在其故居宁县早胜镇历时三年修府、造祠。堂墓建成，隆重安葬。

道光为了安抚恩师的在天之灵，豁免了宁州自嘉庆末年至道光五年所欠的全部钱粮税款。

道光还有一位死谏的老师王鼎。

王鼎数次奉命出使各省巡视办案，被称为“王青天”，深受道光器重。王鼎做官以廉洁著称，为整饬吏治，他刚正不阿，不徇私情。他在刑部任职，先后深入九省审理过三十余起重大疑案，使贪赃枉法者均被惩处，冤假错案得以平反。

1842 年，林则徐因抗战获罪而被遣戍伊犁。王鼎回到北京后，向道光皇帝痛陈签订割让香港岛协议对国家民族的长久危害，王鼎置生死于度外，多次怒斥穆彰阿"妨贤"，琦善"误国"，军机大臣穆彰阿为当代秦桧、严嵩。然而，道光皇帝妥协求和的主意已定，甩袍下殿不再理睬他。

遭到拒绝后，在一个深夜，王鼎决心以"尸谏回天听"，效法春秋时卫国大夫史鱼。他怀揣"条约不可轻许，恶例不可轻开，穆不可任，林不可弃也"的遗疏，自缢于圆明园，享年七十四岁。

王鼎死后不久，丧权辱国的《南京条约》签订，香港岛离开祖国，一去就是一百五十五年。

韬光养晦得储位

嘉庆皇帝即位时，绵宁已十四岁。1799 年（嘉庆四年），绵宁正式被立为皇储。

绵宁成为皇储之时，正值少年，所以嘉庆皇帝屡屡教授他韬光养晦，言行举止要非常小心。他也这样做了。他在嘉庆帝赐名的园居"养正书屋"，悬挂着自己亲笔书写的"至敬，存诚，勤学，改过"四款条幅勉励自己。当了皇帝之后，他把这四款条幅还挂在自己的寝殿。

在这里，他一住就是二十多年，不随意结交官员，每天与诗书相砥砺，著有《养正书屋诗文》四十卷。

1813年（嘉庆十八年）九月，秋雨连绵天气转凉，嘉庆的秋迩巡狩木兰围场结束了，三十二岁的绵宁打前站，先回到了北京。

嘉道年间，北方地区的白莲教诸门派兴起，京畿重地的百姓信教很多。有个直隶大兴人，他是京郊的天理教坎卦教主林清，想当皇帝，但自觉实力不足，害怕朝廷镇压，就联合河南等地秘密结社。

经推算，他们确定农历九月十五为起事吉日。恰巧此时出现彗星，而嘉庆皇帝又去了承德，京城人心浮动，防守空虚。林清错误判断形势，以为皇帝们都在承德，不在皇宫，就策动了起事政变。

九月十四，林清教徒两百余人潜入京城，第二天，在内应的引导下，他们分为两路，由西华门、东华门，攻入紫禁城。混乱中，东路军有五名天理教信徒冲了进去，立即被禁军擒杀。

西路军有五十多名教徒冲进了西华门，跑上城头，还插上了“大明天顺”的旗帜。但是，旗帜仅仅飘扬了十几分钟就被清军拔掉。那些冲上城头的教徒下了城就迷路了。

当时，绵宁正在尚书房读书，听得有御林军报急，即命侍者携鸟枪跟随，同时下令看好四门，号令御林军入内剿捕。

宫内一片混乱，后妃哭号无处躲藏，太监抱头鼠窜，集合起来的侍卫还不足百人，闻讯赶来的王公大臣惊慌失措。

在此关头，绵宁沉着冷静，下令各门戒严，又派人去调集援军，自己带着腰刀、鸟枪、撒袋，迅速披挂停当，站在养心殿的台阶上，紧张地观察着。攻入西华门的一支林清军，已杀到了隆宗门，翻墙进入皇城。绵宁立于养心殿阶下看见有人已经上了养心殿对面御膳房的房顶，举起鸟枪，啪啪，两枪击中两名教众。

此时，增援的禁军赶到，在隆宗门外向叛逆之贼万箭齐发，逃跑不及的天理教徒被射杀在纷飞的箭雨之中，其中一箭还射中了隆宗门的匾额。林清军乃乌合之众，顷刻间被全歼，起事终于失败。

绵宁令禁军在大内搜杀残余天理教徒，再到储秀宫安慰皇后母后，又命三弟在皇后身边时刻保护，不许片刻离开，同时在西长街布置警戒，以确保皇后安全。

然后，他八百里加急上奏，向嘉庆皇帝报告这次事变的经过。次日，才彻底肃清宫内教徒。

这个事件，使得勇武果敢的绵宁在内廷上下人等心目中威望大增。

嘉庆帝在回京途中得到奏报，大吃一惊，心中觉得绵宁作为未来的皇帝，非常合适。他马上即封绵宁为智亲王，增俸银一万两千两，命名绵宁所使用的那支枪名“威烈”。

九月十七，还在家中翘首企盼的林清被擒获归案，而这就是“禁门之变”。

“禁门之变”平息后，已经建功立业的绵宁在老师智囊团的策划下，借机装模作样地上奏自谦，声称当时事情紧急“事不由己”，“事后愈思愈恐”，所以一切奖励均不敢当等等，显示他的高贵帝王气度，收到了预期的效果。

1820年（嘉庆二十五年）七月十八，嘉庆从圆明园起銮，要经承德避暑山庄到木兰围场去秋狝，绵宁和弟弟绵忻，同行的还有大学士、军机大臣，御前大臣内务府大臣等，跟随嘉庆到热河避暑山庄。

路上走了七天，终于到达承德避暑山庄，沿途疲劳，天气暑热，不料嘉庆帝突然发病，病势迅疾，治疗不及，第二天猝死在烟波致爽殿。

嘉庆帝病危时，御前大臣赛冲阿、索将纳木多布齐，军机大臣托津、戴均元、卢荫溥、文孚，总管内务府大臣禧恩、和世泰，受命公启鐍匣，宣示御书朱谕一纸。绵宁改名为旻宁，恭视小殓毕，扈从诸臣遵奉殊笔遗旨，请上即正尊位。

一个月后，就是八月二十七日，四十三岁的旻宁正式即位于太和殿，颁诏天下，改次年为道光元年，成为清朝入关后的第六任皇帝。

这时，他亲身经历了乾隆朝的升平盛世和嘉庆朝的战乱动荡，对他说来，守住祖宗传下来的这份“家业”比什么都重要。

“力崇节俭”形同丐帮帮主

自乾隆后期国库空虚以来，嘉庆的日子不好过，也影响到道光。经济的拮据，使道光皇帝一直提倡节俭。作为一代帝王，道光的反腐倡廉的品德，是难能可贵的。他在节俭方面率先垂范，古今少有。翻检《清宣宗实录》的记载，他倡导节俭的言行几乎随处可见。

他在即位之初，就下令停止进贡荔枝、扬州玉，减各省方物例贡，发给朱圈贡目，毋得任意加增。此后，贡目中的陕甘口外梨贡、两淮盐政进贡的烟盒花爆等亦相继停办。

他恪守祖制，连热河避暑、木兰秋弥等清朝皇室相沿成习的活动，均因耗费过大、扰及地方也很少举行了。除了每年祭扫祖陵，他也很少离开京师。

他停兴筑、罢南府、撤三山及各园苑陈设等，尽量压缩官室的排场，内廷重要节日的进献、筵宴亦时常传谕停办。

他对于国用开支似乎也常常掂量算计，鸦片战争时期他调兵撤军，也与节省军费开支的主导思想有关；发兵征讨张格尔时坚持制定军需则例；多次谕令整顿河工费用，甚至命吏部制订议处河工赔项银久不交纳的章程，纂入例册，永远遵行等等，就是很好的例子。

1821 年（道光元年），道光帝御乾清门听政，颁《御制声色货利谕》。这是他崇俭黜华的上谕，其中不乏警句、至理名言：

> 声色之为害大矣。
>
> 为人君者，尤当以礼自防，无为所惑。
>
> 后世子孙，若能体朕之心，法朕之行，成朕未竟之事，造次无忘不迩声色之谕，即我大清万世天下臣民之福也。
>
> 人君不可有私财，有私财必有私事，有私事必有私人，有私人则不为其所愚者鲜矣。
>
> 要在为人上者，知稼穑之艰难，力崇节俭，返本还淳。
>
> 省一分，天下阴受一分之福，于吏治民生，不无小补也。

至于亭台苑囿，他认为，如今已有规模，不需要继续经营，大吹兴工营作者，“乃我大清万世之罪人，即应立正典刑，暴白天下”。

道光皇帝除龙袍外，上朝的时候还穿着打补丁的裤子。衣服穿破了就打上补丁再穿。他的嫔妃平时不得穿锦绣的衣服。结果，满朝文武都是破衣烂衫，朝廷之上差不多就像丐帮集会。

武英殿大学士曹振镛，平日花一文钱都要打算盘。天性爱节俭，他和道光正好算得上天生的一对宝贝。皇帝自然和他十分投机，每天这位曹学士都被召进宫长谈。太监们还以为皇帝和大学士商量国家大事，谁知留心听时，每天谈的都是家庭琐事。

一日，道光召见军机大臣，当时曹振镛跪近御座，道光见他裤子膝盖处有补丁痕迹，就问他："你的套裤也打掌吗？"

回答："裤子易做，但花钱多，所以也打补丁。"

道光又问："你的裤子打掌要多少钱？"

曹回答："三钱银子。"

道光感叹："你们在宫外做东西便宜，我在宫内还要五两银子。"

道光帝叹了一口气，从此他逼着宫里的皇后妃嫔都学着做针线，皇帝身上衣服有破绽的地方，都交给后妃们修补，内务府一文钱也不得沾光。

因为道光皇帝倡导节俭，此时北京城里的旧货铺子，把库存的破衣烂衫都卖了个好价钱，旧衣服卖得比新的还贵。有些穷京官儿买不起旧衣服，就只好自己做旧，把好端端的新袍子弄脏弄破，加上补丁。官场风气有所转变了，作秀的风气又兴起来了。

道光皇帝带头节俭的程度让人难以想象。他使用的文房四宝，就是普通的毛笔、砚台。力崇节俭为道光帝赢得了声誉。他身体力行，希望通过自己"节俭"的言行，臣民能够上行下效煞住侈靡风习，希望人人安贫乐道。

道光要求提倡节俭从我做起。每餐不过四样菜肴。除太后、皇帝、皇后以外，非节庆不得食肉。

为了省钱，道光帝曾明确规定：皇帝生日的万寿节、皇后生日的千秋节及除夕、元旦、上元、冬至等庆贺礼仪筵宴都停止举行。

道光皇帝对皇后非常敬重，有一次，皇后生日，他破例为皇后祝寿。于是，满朝亲贵重臣献上寿礼。拜完寿，大家自然留下赴宴。开宴后，众人发现每人面前只有一碗打卤面，后来听说，为此次寿筵，道光帝特批御膳房宰了两头猪。

然而，在满朝上下在齐声称赞大行皇帝俭朴崇实的圣德时，王公贵族如穆彰阿们照样奢侈，照样腐败。社会的风气还是和以前一样，没有改变。

关于建设陵墓，这位节俭的皇帝也不走寻常路。或许对于道光自己，这是他一辈子最大的奢侈；或许，是对用人问题上的成败。

据说，在道光登基伊始，按成例营建“万年吉地”，墓地经勘察风水，选在东陵的宝华峪。

1825 年（道光五年）二月，道光皇帝来到自己的墓地，看了以后，表示满意。英和是很推崇节俭的大臣，他曾对道光帝谈及汉文帝薄葬之事，很符合道光的心思。从 1821 年（道光元年）起，英和受命在遵化东陵宝华峪万年吉地为旻宁监修陵寝。

1827 年（道光七年），工程告竣。陵寝本着道光追求节俭的精神，取消了二柱门、地宫瓦顶、内刻经文、佛像等部分，大殿碑亭、石像生的体量也小了。九月二十二日，道光皇帝旻宁亲自护送他的孝穆皇后的梓宫入寝，见陵寝坚固整齐，非常高兴。

没想到，一年后的 1828 年（道光八年）九月，旻宁获悉地宫渗水，孝穆皇后的梓宫被浸湿，顿时震怒，连发十余道谕旨，大骂办工大臣丧尽天良，斥责英和承办万年吉地工程始终其事，其罪尤重。刑部拟议英和处斩，但查明此案确无赃私之事，于是道光下旨：英和“著加恩发往黑龙江充当苦差”其子奎照、奎耀“随侍前往黑龙江”。。

英和没有把道光的陵墓做好，道光就换了一位大员，这个人，就是穆彰阿。

1831 年（道光十一年）二月，道光帝亲至西陵，重新选定龙泉峪为“万年吉地”，命“一切俱从简约，以剐朕之素志”。

该陵设计上更加刻意求简，仅有建筑二十七座，占地四十五亩，方城、明楼、穿堂诸、琉璃花门等撤去，隆恩殿面阔由五间改为三间，殿内装饰不施彩画，月台的规制也比前代简单。地宫之上只有石圈，甬路不必接至大红门，太监营房也不建造。这项工程历时四年七个月完成。

然而，这个小巧的陵墓，其实外“俭”内“奢”，其用料材质异常精美坚固。穆彰阿改变了传统的上身糙砌灰砖、刷红浆，下肩干摆的做法，围墙采用磨砖对缝、干摆灌浆工艺到顶，不涂红挂灰。这样的构建方式无形中就远远增加了经费和人力所需，加之两建一拆的经历，道光建陵的耗资超过了清西陵任何一座陵墓。

穷皇帝打吝啬仗

旻宁在位三十年，社会弊端积重难返，又赶上了鸦片战争。在鸦片战争前的二十年，他勤政图治，克勤克俭。他曾戡定西陲，严禁鸦片。但鸦片战争失败，他签订了丧权辱国的《南京条约》。

他性格多疑且反复无常，禁烟时，他的态度在禁烟与销烟之间摇摆不定；开战时，他在主战与主和之间徘徊；用人时，他在任贤与任奸功罪倒衡。战争失败后，他苟安姑息，得过且过。

鸦片问题由来已久，雍正的时候就禁烟，雍正的儿子乾隆的时候又禁烟，乾隆的儿子嘉庆还禁烟，但是，屡禁不止，愈演愈烈。就鸦片问题当时朝廷有两派意见。一派主张驰禁，就是以许乃济为首的“驰禁派”，另一派是以钦差大臣林则徐为首的“严禁派”。

1839 年，林则徐受命到广东查禁鸦片。林则徐说：“若鸦片一日不禁，本大臣一日不回”。这个时候道光支持禁烟，林则徐逼迫英国领事义律交出鸦片，承诺一箱鸦片可以给英商五斤茶叶补偿，结果最终收缴鸦片两万多箱，价值八百万两白银，道光皇帝心疼银子不答复。林则徐只好联合邓廷桢等大臣上奏说：“所需茶叶十余万斤，应由臣等捐办，不敢开销。”道光这才批复：“照所议办理！”夸奖他：“卿等忠君爱国皎然于域中化外矣，所办可嘉之至！”

当时的英国驻华商务总监义律拒不上缴鸦片，林则徐下令停止中英贸易，义律这才交出。林则徐将缴获的鸦片共 19179 箱，2119 袋，总计 2376254 斤，于 1839 年（道光十九年）在虎门销毁，并责令义律永远不准贩运鸦片入境。“虎门销烟”震动天下，国人拍手称快。

此后，在鸦片战争中，道光帝急于妥协，与其节俭的意识不无关系。虎门销烟触犯了一些国人和英国殖民者的不法利益，他们内外勾结，进行反抗。英国殖民者用坚船利炮叩打中国的大门，发动了鸦片战争。

在英国海军的炮轰下，道光不主张抵抗了。因为朝廷没有钱，所以穆彰阿赞和议。道光最后对外妥协，将林则徐、邓廷桢、杨芳等主战派查办，改派钦差大臣属两广总督，大学士、钦差大臣、封疆大吏琦善代替了林则徐，到广东与英国谈判，要求琦善上不失国体下不开边衅，意思是既不要给英国割地赔款，又不跟英国发生军事冲突。

琦善私自允许将香港割让给英国，道光帝将琦善锁拿，并先后派杨芳、奕山对英作战。但杨芳没能阻止住英军向广州城前进，道光只好命伊里布、耆英、牛鉴与英军议和，广州重新开放了。

然而，英军继续对虎门、宁波、厦门等地进行攻击。1842 年(道光二十二年)，英军攻占吴淞。这年八月，英舰开到南京下关江面。

在签订《南京条约》的前一天晚上，道光彻夜不眠，绕殿逡巡，不停地拍案叹息。等上谕发下后，他痛哭对不起祖宗。

第二天，惊慌失措的道光，派耆英和伊里布与英军签订了清朝第一个屈辱条约——《南京条约》，使中国步入半殖民地半封建社会。

此后，清政府又签订了中美《望厦条约》和中法《黄埔条约》等不平等条约，一步步使中国沦为半殖民地社会。

穆彰阿对鸦片战争持消极态度，反对自卫反抗，主张求和，后又主持战后一系列不平等条约的签订，不但损害国家尊严，还使国家丧失主权，开启外患，遭到社会舆论的强烈谴责，国人痛骂他为卖国贼。

待到道光驾崩，咸丰继位后，咸丰帝指责穆彰阿“保位贪荣，妨贤病国”，将卖国贼革去职务，永不叙用。诏令下达后，天下无不拍手称快。

道光在位时，在国事上有一项重大的历史政绩，就是镇压新疆回部的张格尔叛乱，稳定和巩固了清朝对新疆的管理。

和卓·亚海亚，是尊称“张格尔和卓”，翻译过来就是“世界的和平”的意思。此人生于中亚地区的浩罕王国，新疆伊斯兰教白山派首领。大和卓波罗尼是他的爷爷。爷爷的弟弟就是小和卓霍集占。大和卓的儿子、张格尔的父亲萨木克，在大、小和卓灭亡后出逃葱岭西边的浩罕国，清政府每年拿一万两白银，让浩罕国的国王代为监视萨木克。

萨木克逃至浩罕国后生了三个儿子，次子即张格尔。

张格尔继承祖业，在英国控制的阿富汗首都喀布尔留过学，接受英国人的顾问、训练和武器，张格尔野心勃勃，时刻梦想在南疆恢复和卓家族的统治，“以诵经祈福传食部落”。在浩罕支持下，他潜入南疆发动叛乱的圣战，从 1820 年（嘉庆二十五年），一直闹到 1831 年（道光十一年）。

道光六年的一次叛乱规模最大。张格尔率浩罕、布鲁特五百余人，窜回喀什噶尔（今喀什）附近，以礼拜其祖先玛杂（坟墓）为名，利用南疆各族人民的反清情绪及其宗教影响，集众万余人发动叛乱。先后攻占喀什噶尔、英吉沙尔、叶尔羌、和田等城，自称赛义德·张格尔苏丹，复辟和卓的封建统治。

伊犁将军长龄、陕甘总督杨遇春、山东巡抚武阿隆、甘肃提督杨芳等率领三万多兵马，于 1827 年（道光七年），击败张格尔军队，收复了四城，并设计诱执张格尔。1828 年（道光八年），张格尔被俘。

道光平时俭以律己，俭以律臣，即便赏赐有功之臣吃顿饭，也将这一原则贯彻到底。他亲御午门受俘张格尔后，开庆功筵宴。当时除了请伊犁将军长龄，还请了十五位老臣。这些人挤了两桌，桌上摆着几样菜，大臣们却不敢举箸，只怕一动筷，便要吃光。道光坐在那里，既不吃菜，也不喝酒，只和大臣们谈些前朝往事。后来又谈到作诗，君臣即席联起句来，做成一首八十句的七言古诗，记当时君臣之乐。大家在席上谈论了足足两个时辰，菜还不曾吃便散席了。

道光皇帝倡导节俭治国，节俭治军。在讨论诸如海防、边务、黄河治理等问题时，只要一有大臣提到拨款，他立即面露不悦之色。

在探讨新疆设防方案时，将军们充分考虑到了道光皇帝的吝啬，上奏仅要一万八千名士兵镇守新疆。谁成想，道光皇帝给砍去了三分之二，只批准清军留守六千人。将军们愤然回击，提出专守新疆东部，让西部自治，不予设防的方案。道光皇帝又大骂他们放弃新疆防守，指责其居心叵测。经过几年的君臣争执，最后道光决定“各省绿营兵额内裁百分之二，岁省三十余万，以为回疆兵饷”。

1850 年（道光三十年）正月，道光皇帝驾崩于圆明园。就在这个月，他在江宁等地遭受水灾情况的奏折后批示：暂停征收灾区赋税。这是他治国三十年，处理的最后一件政事。

第十四章

巧胜一时痛败一世——奕詝

奕詝沿着老师的教育策略，在皇太子竞争中巧胜，顺利当上皇帝，是他的幸运。

然而，他又是不幸的。他所执政的清朝，人口爆炸土地兼并，吏治腐败冗员繁多，各地起义风起云涌，各种教会方兴未艾……在他统治的十一年间，内有中国历史上最大的农民起义太平天国运动，外有西方列强入侵中国的三千年未有之变局。

虽然他重用汉族大臣，严惩贪污腐败，改革力度超过了嘉庆、道光。但是，这个国家已是千疮百孔，他的努力最终没能挽救清朝的衰落，而他自己也因《北京条约》而背负了历史的耻辱。

藏拙示仁得天下

天，还没亮。

宗人府宗令载铨，御前大臣怡亲王载垣、郑亲王端华、科尔沁王僧格林沁，军机大臣穆彰阿、赛尚阿、何汝霖、陈孚恩、季芝昌和内务府大臣文庆急匆匆进了圆明园，先后走进了慎德堂。他们是应召而来，道光皇帝此时已奄奄一息。

含悲忍泪的臣子们一一上前行礼。只见回光返照的道光皇帝，正装端坐，状如平常。

总管内务府大臣文庆奉旨在众目睽睽监督之下，撕开了在五年前上的封条，打开鐍匣。新一代君主的人选，秘密立储谜底揭晓。鐍匣内有道光皇帝的御笔两谕，一为“立皇四子奕詝为皇太子”，一为“封皇六子奕訢为亲王”。

奕詝是清朝秘密立储继承皇位的最后一位太子。

道光皇帝共有九个儿子。大阿哥奕纬、二阿哥奕纲、三阿奕继已先后去世，五阿哥奕誴早年过继给了醇亲王绵恺，七阿哥奕譞、八阿哥奕詥、九阿哥奕譓都还年幼，能够被册封为太子的只有十六岁的四阿哥奕詝和十五岁的六阿哥奕訢。奕詝和奕訢均为庶出，二人的生母都不是皇后，在年龄上仅差一岁，同在尚书房读书，各有所长，一起长大。

奕詝的母亲在他十岁那年病逝，奕詝由奕訢的生母静贵妃抚养长大。因此，奕詝视静贵妃如同生母。

和奕訢相比，奕詝无论长相还是文韬武略都远远不如弟弟。奕詝小时候患天花，痊愈落下了一脸的麻子坑。长大后有一次骑马时摔成左腿骨折，后来走起路来有些跛脚。但奕詝文字功力在清朝各代皇帝中却是很好的。

奕訢相貌端庄，天资聪颖，师傅日授他千言，他少读即成诵，读书过目不忘，奕訢还继承了清朝皇室“好武”“精骑”的遗风，他从小练习武功，他武功超群，和奕詝一起共同创造了枪法二十八式和刀法十八式。道光皇帝亲自命名其枪法为“棣华协力”，刀法为“宝锷宣威”，并奖励了奕訢白虹刀一把。

奕訢深受道光皇帝喜爱，大臣私下议论，皇帝接班人非奕訢莫属。没有想到的是，道光皇帝将封奕訢为“亲王”写入立储谕旨！

这令所有人震惊，特别是奕訢。他不仅尴尬，而且绝望。这意味假如他哥哥不幸早死，他也没有机会当皇帝，他的父亲已经断掉他的辉煌前途。

奕訢是道光的宝贝心肝儿，与奕詝比较起来，他更受父亲偏爱。论外表论智慧论武功才学，他都高出哥哥一筹，他应该当皇帝，可事情就那么变幻莫测。道光帝为什么最终没有选择奕訢作为继承人呢？

1846 年（道光二十六年）三月，皇帝校阅南苑，带着诸皇子打猎，奕訢收获最大，獐狍野鹿雉鸡什么都有，心情愉快的奕訢，听着父亲的表扬，眼睛飘到了天上，奕詝什么猎物都没有猎到，垂手恭立。道光也很纳闷：不至于射猎这么差吧？

奕詝回答父亲的理由非常简单：不忍心杀生。认为春天是鸟兽孕育的季节，伤生以干天和，会改变大自然的平衡与和谐，且不想以弓马一技之长与诸兄弟争高低。

道光愕然，原来如此！他认为这才是真正的帝王所应说的话，作为一个帝王，大权在握，生杀予夺，无人监督，具有一颗仁慈的心是十分必要的。

道光曾经问奕訢治国方略，奕訢就滔滔不绝；而问到奕詝的治国方略，他就跪在地下磕头痛哭流涕，舍不得父皇。道光大概认为，这个懂得孝顺的儿子，应该是皇帝的接班人。于是，道光就决定选他做太子。

皇四子终于战胜了皇六子，拿到了当皇帝的批文。道光皇帝的这一历史性的决定，具有重大的意义。奕詝才识平平，少谋无断；而奕訢却颇具才识，庚申之托显示他处理危机的能力，兴办洋务又体现了他洞观世变的远见。后来的历史已经证明，如果道光此时选择的是奕訢而不是奕詝，中国十九世纪下半叶的历史有很大部分将会改写。

道光驾崩的次日，奕詝即皇帝位，以次年为咸丰元年。

道光帝死于圆明园慎德堂，按照爱新觉罗氏家族的规定，新皇帝奕詝当日下午应该护送大行皇帝的遗体，至城内紫禁城乾清宫停放。

而这位新君做出的第一个决定是：以尚书房为倚庐，席地寝苫。“倚庐”是居父母丧时所住的房子。紫禁城里有上万间房子，为何不选别处，偏偏选择尚书房？奕詝这么做，明显不是为房子，而是这位十九岁的新皇帝希望能够方便地请他的老师指点迷津。很多的事情，皇帝还不懂。

新皇帝的登基大典在太和殿隆重举行。

奕詝接受百官朝贺，他的老师就微笑着仰视他，欣赏着御座上自己亲手打造的成品在堂而皇之地傲视着天下。

几天后，奕詝颁布《道光遗诏》，这是对道光治国三十年丰功伟绩的颂扬，对他一生勤政爱民、崇尚节俭、平定西陲等功绩做了总结，对鸦片战争的失败原因也作了辩解。

奕詝能够“藏拙示仁”，或者“藏拙示孝”，要归功于奕詝背后的师傅杜受田。

帝师博弈定乾坤

杜受田对奕詝夺得皇帝宝座起到了非常重要的作用，如果没有杜受田的教育，奕詝怕是与帝位无缘了。

道光皇帝为皇子选老师，特别看重家世门风。往上查了杜家的数代祖宗，了解到，杜氏家族明清两朝科甲鼎盛，封疆大吏、天下直臣、文坛旗帜等人才辈出。而且，世代皆清官。

道光了解到，杜受田的父亲杜堮，人品端方，又有古人温树不言的高风，乃三朝元老，1827 年（道光七年）任礼部侍郎，著成杜氏家族的教育专著——《述训》四十八则。他提倡学优则仕，不优则不仕，优亦不必仕也，官可以不做，书不可不读，不患无位，患所以立的崇高人生境界。读书，是要“因此求其心源，而得其施于家国天下之道”，增长“化民成俗，尽职报国”的才干和品行。不但自己终身学习，而且教育子女终身不辍。

杜受田人品好、学问高，是教育皇子工作的不二人选。世家大族、清白家风，是杜受田能够成为帝师的前提条件。于是，道光一拍龙案，1836 年（道光十六年），杜受田被选为奕詝的师傅。

农历新年一过，六岁的奕詝就被送到尚书房拜师，学习汉学。道光帝特授杜受田为内阁学士，特谕："专心授读，毋庸到阁批本。"杜受田老谋深算，对道光皇帝的心思猜得透透的，从他入值上书房的第一天起，便暗暗下决心，一定要建立非常之功勋。

一年后，奕訢也六岁了，进了尚书房，杜受田立即注意到了一个严重的问题：将来的帝王，将鹿死谁手?

奕詝的师傅为杜受田，奕訢的师傅为卓秉恬。师傅们心照不宣，棋逢对手。

奕詝与奕訢相继就学，也步上了博弈的道路。两个尚挂鼻涕的小孩子，读书时间在师傅威严的目光下一道苦苦用功，课余时光一起娱乐玩耍，童真无邪，全无你争我斗的心思。明争暗斗的倒是他们的老师，尚书房是他们较量智谋的角斗场。

在皇子们童真稚嫩的读书声中，师傅们不露声色，暗中较劲，试图将自己的学生辅导成未来的天子。他们深知结局的残酷：斗到最后，天子只能有一个!

杜受田所传授的知识学说，"悉本唐虞三代圣圣相传之旨"，以儒家思想为主体，摒弃一切可能扰乱正统观念的旁门左道。他教授的帝王之道具有很强的实用性，能够启迪心智，使奕詝大受其益。

卓秉恬为官耿直敢言，持身清正，在整顿吏治、关心民瘼、培育人材、改良政治等方面有不少建树。在他调教下的奕訢，文武双全，处处将奕詝打得落花流水。

没有想到，杜受田技高一筹，他指挥奕詝调整方向，以孝道来对抗才识，以仁义来反击武功。在当时的环境中，儒家的“仁”“孝”至关重要，他的指导起了关键作用。

最终，卓秉恬指挥奕訢战胜了奕詝，而杜受田指挥奕詝战胜了道光！

就在储君揭晓的这一刻，杜受田和奕詝的关系，由师生变为君臣。

1850 年（道光三十年）正月，奕詝登基，是为咸丰皇帝。

奕詝即位后，感激老师的拥戴之恩，一个月一升级，实录馆总裁，兼任吏部尚书，并负责复查会试试卷。任殿试读卷官，任教习庶吉士，再调刑部尚书；授协办大学士，因刑部事务较繁，被调任礼部尚书。杜受田连连升级，一步步进入统治集团的核心，为臣为子忠孝两全。

奕詝把杜受田看做自己的重要辅相，凡国家大事或重要安排必征询他的意见。对老师言听计从，奉若生父。清朝协办大学士相当于明朝的宰相，在朝廷中最有权势。杜受田也想凭借奕詝的信任以展自己的治国宏图。奕詝即位不久，他首先建议起用林则徐、周天爵等在鸦片战争中因主战而被撤职的大臣，以镇压刚刚爆发的太平天国农民起义。向荣屡遭弹劾，杜受田保全向荣，后来荣为钦差大臣，率部围困太平天国的都城天京。

在奕詝登基后的最初两年里，杜受田几乎是随侍左右。当咸丰拜谒道光陵寝——慕陵以及东陵时，旨命杜受田“留京办事”，很有替天子看家的味道。

1852 年，黄河在丰县破坝决口，水漫山东、江苏，百姓生计无着。咸丰对地方官敷衍草率感到气愤，派杜受田亲自前往调查解决。

杜受田奉命偕福州将军怡良实施赈务。一路上风尘仆仆，详查灾情，请旨赈粮。八月，杜受田到达江苏清河（今清江市），炎热的天气、潮湿的环境触发旧患肝症，再加劳累过度，心力交瘁，病逝于江苏淮安清江浦，终年六十六岁。

消息传到京城，奕詝十分震惊，停朝一日，而且命将棺木运抵北京，亲临祭奠，抚棺痛哭，赐陀罗经被一袭，赏银五千两治丧。

按清朝定例，凡大臣应否予谥，应由礼部先行奏请，唯杜受田不同，杜受田一生品端学粹，正色立朝，忠孝两全，爱国恤民，廉洁勤政，恪尽职守，鞠躬尽瘁。奕詝不待内阁票拟，亲自谥“文正”，赠“太师大学士”和“文正”册封，自嘉庆以来，汉族大臣被追封太师大学士者，仅杜受田一人而已。

奕詝伏案痛哭流涕，如丧考妣，朱笔写下了一段极富个人感情的话：

> 忆昔在书斋，日承清诲，铭切五中。自前岁春，懔承大宝，方冀赞襄帷幄，谠论常闻。讵料永无晤对之期，十七年情怀付与逝水。呜呼！卿之不幸，实朕之不幸也！

“赞襄帷幄”一语出自被“赞襄”的皇帝本人之口，道出的不仅是对杜受田的赞扬，而且还流露对杜受田的依赖。这一词语，奕詝后来还多次用过。

1853年春，奕詝到国子监临雍讲学，特派其五弟奕誴祭奠恩师。当日攽下的谕旨明晰地流露其心情："（杜受田）倘能久在左右，于时事艰虞，多有补救。"

奕詝将他不尽的思念转化为对杜氏家人的隆恩。杜受田的父亲前礼部侍郎杜堮，赏礼部尚书衔，赏食全俸；杜受田的长子杜翰，时以翰林院检讨放湖北学政，十五个月就由从五品提升至正二品的侍郎，并进为军机大臣；杜受田的次子杜𫘦，亦升至侍郎；杜受田的三个孙子，全都加恩赏给举人，准一体参加会试。

等到送杜受田的灵柩回他山东老家时，咸丰皇帝奕詝赐祭酒一坛，派散秩大臣承志前往祭奠，他还钦赐金镐、玉锹，意使灵柩归故时，逢山开山，遇水搭桥，凡碍灵柩前进之物均可铲除。杜受田所受礼遇，在整个清朝无人能比。

杜受田陵园在原滨县城北约五里处，殡葬之日，彩棚遮天，白毡铺地。是时王公大臣云集，武定、滨州两地方官，为逃避奉迎之苦，各讨一项差事，出现了知府大人守大门，知州老爷提药罐。其生劳死耀，气势之大，非同一般。

谁都以为杜受田的随葬品会很丰厚，据传后来坟墓被盗，发现里面只有一两件小玉饰而已。道光一朝，提倡薄葬，咸丰一朝仍然如此，即便是重臣也不例外。杜受田位居一品，人臣楷模，为官一生地未置一亩，房未增一间。

千疮百孔疑无路

奕詝接手的是他父亲留下的积贫积弱的中国。在乾隆末年时，国库存白银达七千万两，经嘉庆、道光朝耗用，仅道光后期战费、鸦片战争赔款、河工等项开支达七千万两，所剩无几。奕詝即位时，户部库银不到两百万两。

管理户部大臣卓秉恬在向皇帝报告财政情况，称“入不敷出，为数尚钜”。财源主要来自地丁、漕粮、盐课、关税。但是根据祖宗“永不加赋”的规定，不可以更改，地丁漕粮几乎枯竭。同时，许多官吏又以“浮收”不按《赋役全书》规定的科则，擅自加收钱粮、“勒折”应当征收的粮食，却以高价折收银钱；应当征收纹银，却以高价折收制钱等种种名目，中饱私囊，祸害乡民，民众的纳税能力下降，政府的税收减少，社会经济陷入恶性循环。于是，奕詝整顿盐务，企望增加一点收入。

奕詝倚重老师杜受田，频频给升官加爵。这一方面是对杜氏为他谋取皇位的酬答，另一方面是奕詝经过左右衡量，还是老师足智多谋。

杜受田第一个主张，就是让咸丰帝奕詝下诏，求言求贤。杜受田告诉学生，奕詝这个“詝”字，就是只有广开言路，才会得到安宁，这是冥冥中的事情。杜受田说先帝贪耳边安静，不愿意听到洋务及灾荒盗贼事，身边的军机大臣阿谀奉承，报喜不报忧，掩饰真相，封杀言路，专拣好听的说给道光帝听。

奕詝听了，很是警醒。于是，在奕詝登基后的第十一天，他就发出指示：

> 凡九卿科道，有奏事之责者，于用人行政一切事务，皆得据实直陈，封章密奏，俾庶务不致失理，而民隐得以上闻。

“九卿”是指六部之外京内各小衙门的堂官，“科道”是指六科给事中、十三道御史之类的言官；皇帝让所有具有奏事权的官员都发表意见，但点明“九卿科道”就是广开言路，要听所有在京官员的意见。

又过了七天，奕詝再次下令，由内阁明诏求贤。他命令各省总督、巡抚，都要在其下属官员中保举“才德兼优、诚心任事”的能人。

求言求贤，显示了君主的开明，君臣俩一心厘清恶弊。这一谕旨将保举的范围扩大到不在职的官员，历来没有资格和权力直接奏事的布政使、按察使，此时也获得了向天子进言的机会。但是，大家都在偷偷地琢磨皇帝的心思，谁都不敢按照皇帝的意思提意见，也不敢随便推荐能人。

又过了二十多天，三道御旨下达后，终于有人大着胆子上了奏事的折子。

在经过再三动员之后，有人开始大声说话了，各地官员按照儒家学说、祖宗制度提出了一些合理化建议。奕詝甚至兴致勃勃地参与其中，引经据典地批评，尤其是理学大师倭仁的一些意见，足显示其渊博的学识。

一道道谕旨发往各地，奏章纷至沓来，言路大开。咸丰皇帝求言求贤，一改道光末年政坛死气沉沉的局面，官员们纷纷称赞皇帝英明。同时，也有许多官员凭实汇报，说出了许多皇帝未曾听闻的事情：各地盗贼蜂起，官员贪污腐败，兵弁懈怠嬉玩，财用困乏不继等等，这些消息让奕詝大惊失色。

奕詝在严重的危机面前，“择善而从之”，整顿吏治。他重用的是对外持强硬态度的官员，罢黜的是对外持和议的人士。通政使罗惇衍、左副都御史文瑞、礼部侍郎曾国藩、鸿胪寺少卿刘良驹等人的奏折，颇得咸丰帝之意，受到通谕褒嘉。姚莹、江忠源、张亮基、谭廷襄、李棠阶等人被保举。批准军机大臣陈孚恩、大学士潘世恩退休回家。令地方官查明林则徐“能否来京候简”；起用在鸦片战争主持台湾抗战后被降职的姚莹办理两淮盐务。

青年天子需要有作为了。杜受田看到自己的好学生已经成功地把自己的教育成果用到国家大事上面来，心中高兴无比。他推荐了两人，一是鸦片战争中被革的林则徐；另一人是当时的争议人物前漕运总督周天爵。

大臣魏源上疏“师夷之长技以制夷”，提出仿照西方办法制舰造炮、训练军队的建议。因为在鸦片战争后，来自海上的西方列强的威胁就在眼前，第二次鸦片战争随时会爆发。奕詝对列强十分仇恨也非常惧怕，令沿海各省督抚筹办海防，“断不可稍存大意”“不动声色”“断不可稍有泄漏，以启衅端”。

但是，更大的危险来自社会矛盾的急剧发生。十四行省，“窃贼”公行。人口猛增，地主土地兼并激烈，农民失去了土地，流民数量激增。白莲教、三合会、拜上帝会等等会党兴起，吸纳了生活无着的民众。他们聚集在宗教的旗帜下，成为对抗官府的强大势力。

奕詝对垒太平天国

奕詝临朝理政的第一天，接到的第一份奏折就是来自广西巡抚郑祖琛的报告：地方不靖，“匪”势猖獗，天地会声势浩大，李沅发起义部众已经进至广西！

奕訢命郑祖琛率领大军“分路兜剿”，擒拿李沅发。战斗历时四个月，李沅发起义终于被镇压，文武大臣们兴高采烈。奕訢满心欢喜，有功大臣颁赏加衔，着实热闹了一番。

但是，没有想到的是天地会更大规模的起义爆发了，占据州县十余座。更有甚者，广西拜上帝的会众兴起，约两万人在洪秀全的命令下向桂平金田村集中“团营”，起兵反清。

于是奕訢三次诏令，先派广西巡抚郑祖琛实力剿捕，又改派最受信任的两广总督徐广缙前往广西剿办，并调镇压李沅发起义有功的湖南提督向荣为广西提督。

不久，他又起用林则徐为钦差大臣，命驰赴广西督理军务，镇压拜上帝会，并调湘、黔、滇兵弁各两千入桂。但是，本来就病重的林则徐劳累过度，在广东潮州途中病卒。消息传到北京，朝野震惊，奕訢痛失栋梁！他再派前两江总督李星沅为钦差大臣，办理广西军务。接到了李星沅等人的奏报后，他才惊愕地知道，反贼轰轰烈烈地建立了太平天国！

于是，在千思万虑之后，他选派可用信任的文华殿大学士首席军机大臣赛尚阿为钦差大臣督战，亲授其清初名将遏必隆的“神锋握胜刀”以壮其行，赛尚阿统帅火器专家乌兰泰和军机章京丁守存、湖北盐法道姚莹、江苏淮扬道严正基、在籍知县江忠源等猛将入桂，襄办其事；同时又派兵一万三千名，在广西的客省兵近两万人，加上募勇，总兵力在三万以上。

特别难办的是军费。奕訢倾出户部家底，指派各省筹款，拨放军费银一千万两。对于用兵部署，他每次都在上谕中不厌其详，何方进攻，何方围堵，如何擒首，如何离间，他都倾注了大量心力。

可是，天地会起义此起彼伏，洪秀全领导的拜上帝会自“团营”之后，锐不可当。入武宣，占象州，据永安，分封诸王，厘定制度。

奕詝赏罚严明，对于败军之将，他予以严惩，对于获胜之师，即使许多是谎报的也予以重赏。他还下了一道严旨，以后统兵大员如果有临阵脱逃，或托病迁延以致贻误军机的，“著赛尚阿等据实参奏，清旨正法”，至参将、游击以下官弁，一面奏闻，一面军前正法。

很快，太平军就攻克郴州，进窥长沙。四个月后，太平军因久攻长沙不克，引兵北上，占岳州，陷武汉，浩浩荡荡引军东下。

1853 年（咸丰三年）初，奕詝下了《罪己诏》，下令礼部及各地大吏将《罪己诏》刊刻誊黄，宣示中外：

> 朕为天下之主，不能察吏安民，致令盗贼肆行，闾阎警。
>
> 每念生民涂炭，抚育无方，即：再三引咎自责，亦属虚文。惟有恐惧修省，叩吁昊苍，省予之辜，拯我穷黎。

《罪己诏》下达后，太平天国依然势如破竹，局势仍向不利清王朝的方向发展。

1853 年（咸丰三年）二月二十，太平天国建都南京，改名天京。

自太平天国起义至此，奕詝已先后从十八行省调集外省兵丁近九万余名，连同本省征集兵丁近十万人，随时雇募的壮勇还不在内，拨放军费银达两千五百多万两，精心策划一系列方略部署，全部失败。

奕詝束手无策，他气无可出，先后批准将赛尚阿、徐广缙定为斩监候，秋后处决。赛尚阿的三个儿子也遭连坐而被革职。他还下令让广西巡抚劳崇光派人密访太平天国各首领家族的祖墓，尽行掘发，以消逆焰而除戾气。

太平军定都南京后，开始了与清政府最后的拼搏——北伐和西征。

1853年（咸丰三年）五月，林凤祥、李开芳率太平军精锐两万余人，自扬州开进，突入安徽，先后克滁州、临淮关、亳州。五月进至河南，渡黄河，围怀庆。

奕詝命文渊阁大学士、直隶总督讷尔经额为钦差大臣，督办河南河北军务，以对付北伐军。太平军转入山西，连克州县。

奕詝又以内阁学士胜保代讷尔经额为钦差大臣，赐“神雀刀”。

此时，太平军转入直隶下临洺关。九月，占深州，迫近北京。

听闻此消息，奕詝大惊失色，他提心吊胆，将北京城戒严，派其弟奕訢成立京师巡防处，以防万一。任惠亲王绵愉为奉命大将军，任御前大臣科尔沁郡王僧格林沁为参赞大臣。他在乾清官为他们举行了隆重的授印仪式，赐绵愉“锐捷刀”，赐僧格林沁“讷库尼素光刀”。

北伐军东攻沧州，进逼天津，顶住了胜保、僧格林沁两支大军的进攻，坚守待援，直至次年二月南撤至直隶阜城。

就在太平军北伐的同时，西征军也从南京出发，重新攻占安庆，围攻南昌，分占赣、皖各属。九月进入湖北，据汉阳、汉口。十二月攻占庐州，安徽巡抚江忠源负伤投水而死。

次年四月，西征军进湖南。六月，再占武昌。对此后的太平天国形势发展而言，西征的意义重于北伐。

咸丰帝错误地认为，太平军西征的威胁不如北伐那么大。全国能够抽调的兵力，大多已先后抽调给钦差大臣向荣、琦善，组成两军营，向荣率军尾随太平军东下，在南京城东扎江南大营。

琦善亦统军东移，在扬州城外扎江北大营。

奕詝命两军营围攻天京，剩下不多的兵丁又尽力抽调给钦差大臣胜保、参赞大臣僧格林沁军营，对付北伐军。

对于西征一路，奕詝未派统帅临阵，只是酌调兵弁协助当地官员防堵，并命向荣、琦善两军营派兵支援。没有想到，太平军因此顺利地建立起皖赣根据地，开始了长期的斗争。

1856年（咸丰六年），太平天国东王杨秀清巧施计谋，先后调兵攻破江北大营、江南大营，太平天国的势力达到了鼎盛。

奕詝开始忽略长江流域的一城一地的得失，因为京畿地区的稳定更加重要。

太平天国北伐军被消灭之后，他松了一口气，但太平军是否会再度北上，也是他心中的一块病。湖北一危急，他立即调兵赴河南预防；江南大营因兵员单薄而无力攻破天京，向荣向奕詝请调江北大营兵勇助攻。等到江北、江南大营俱败，咸丰极其愤懑，却束手无策。

正在此时，太平天国内部发生了内讧：东王杨秀清逼宫谋权，北王韦昌辉杀杨秀清。翼王石达开闻讯领兵“清君侧”，天王洪秀全杀韦昌辉，迎石达开回京辅政。石达开因遭洪秀全疑猜，于次年六月领兵出走。激烈的权力斗争使太平天国军势大损，丢失了湖北根据地和天京北部屏障瓜洲、东部堡垒镇江。

清军抓住机会，重建了江北、江南大营，进围天京。曾国藩率湘军趁机攻破九江，太平天国的局势从盛转衰。

奕詝连续收到天京内讧的奏报，虽探报情况不一，但能确定太平军起了内乱。他急命两个钦差大臣、督办江南军务和春与督办江北军务德兴阿等大将，一定趁此机会出击！得知石达开与韦昌辉失和，他急命曾国藩设法招抚石达开。

就在清王朝与太平军进行长期战争的同时，全国各地民众亦纷纷揭竿而起，其中规模较大的有：捻军和天地会。和太平天国起义一样，这些人都是汉人对垒满人，动机是反清复明，是民族的仇恨。

嘉庆初年，在安徽、河南、江苏、山东等省的私盐贩夫、贫苦农民和无业游民中存在着分散的民间兴起的秘密组织，称为“捻”。咸丰元年起，皖北、豫的“捻”党纷纷起事，其中最大的为由张乐行领导的在安徽雉河集起事的一股。

天地会也是南方各省的汉人民间秘密组织，始创于乾隆年间。内称“洪门”，有小刀会、红枪会等支派。

这些起义，配合了太平天国，形成了全国规模的“造反”浪潮。十八行省中，已有十四行省硝烟燃起。直隶、山西、陕西、甘肃也不时爆发一些小规模的聚众抗官的事件。

咸丰朝的大清帝国，再也没有一片平静的土地。

仅仅是一个声势浩大的太平天国，就使咸丰帝难以应付，又起了到处造反的汉人，面对着如此众伙的“逆贼”，咸丰无力回天了。

绝命承德有遗篇

咸丰纵欲好色，有吐血症，身体虚弱。每逢遇到坛庙大祀，常因为腿软而担心失仪，就派奕訢代劳。

太医为他开了“疗疾法”，认为饮鹿血既可以治病，又可以补阳分之虚。于是，后宫就养了一百多只鹿，每天为他提供鹿血。1860 年（咸丰十年）七月，英法联军进攻北京，咸丰吓得惊慌失措，在大臣建议下急令奕訢留下办理与洋人议和事宜，自己带着载垣、端华、肃顺等内廷大臣及后妃们出逃热河。匆忙之即，他竟命令“率鹿以行”，由于大臣们的劝阻才作罢。1861 年（咸丰十一年）春，他在热河行宫病倒，此后病情时好时坏。只要病情稍好，他照旧纵情声色。

这期间，京师又出现了新的格局，最被咸丰防备的奕訢被启用。

1860 年（咸丰十年），英法联军兵临北京城下，奕訢再度临危受命。他与各国签订了《北京条约》，外国军队退出了北京。奕訢渐渐变为“在京办事王大臣”。

在奕訢的主持下，清朝建立起总理各国事务衙门，奏定京营八旗添置并学习火器，雇请洋匠在上海制造西式枪炮，选八旗子弟学习外国语言文字，等等，办起了许多封建王朝的新鲜事情。同时，在奕訢的支持下，清王朝内部开始讨论“借师助剿”军事力量镇压太平天国。

热河的肃顺等大臣挟天子以令诸侯，拥天子自重。这群人于不动声色之中，有力地影响着奕詝的思想。

由于肃顺飞扬跋扈，积怨甚重，在京的官僚阶层积聚在奕䜣的周围，形成了以奕䜣为首的新的政治势力。

在京师的这群留守大员，为了使奕詝能摆脱肃顺等人的暗地控制，也为了朝廷的秩序能恢复常态，多次奏请咸丰皇帝返回北京。

可是咸丰皇帝却不那么想。

难以对付的“夷人”已交由聪明能干的六弟奕䜣办理；江南的“长毛”也已委之于曾国藩；豫皖的“捻匪”，他又派了僧格林沁为钦差大臣，统兵南下前往“弹压”。此时，咸丰皇帝奕詝感到前所未有的轻松，他开心地写下了“且乐道人”四个字。

由于在热河喝不到鹿血，奕詝病情日益加重。1861 年（咸丰十一年）七月，病情恶化，十七日，咯疾大作，急命取鹿血，仓猝中没有取到，奕詝驾崩。

奕詝的继承人只有一个，就是慈禧的儿子载淳，年仅六岁。